L'ENSEIGNEMENT SUPÉRIEUR

EN HARMONIE

AVEC LES BESOINS DE L'ÉTAT.

PROJET DE RÉORGANISATION DES FACULTÉS DE DROIT
EN FRANCE

précédé

D'UNE LETTRE APPROBATIVE

DE M. LE MINISTRE DE L'INSTRUCTION PUBLIQUE.)

par

LOUIS DEBRAUZ

DOCTEUR EN DROIT.

In rebus quibuscumque difficilioribus non expectandum ut quis simul et serat et metat, sed præparatione opus est, ut per gradus maturescant.

BACON, *Serm. fidel. Num.* XLV.

PARIS,

CHEZ B. DUSSILLION ET COMPAGNIE, ÉDITEURS,

8, RUE CHOISEUL.

1845.

Imprimerie Lange Lévy et compagnie, 16, rue du Croissant.

AVANT-PROPOS.

L'ouvrage que je livre aujourd'hui à la publicité, est le développement d'un Mémoire adressé, il y a cinq ans, à M. le Ministre de l'instruction publique, qui a bien voulu m'honorer, dans le temps, de la réponse bienveillante ci-après.

Quelque flatteur que fût pour moi le jugement émané d'une si haute autorité, j'hésitai néanmoins à faire imprimer mon travail, dans la crainte qu'on n'interprétât cette publication comme une satisfaction donnée à l'amour-propre d'auteur, mon Mémoire n'ayant été, dans l'origine, destiné qu'à être soumis à l'appréciation de M. le Ministre.

Cependant quelques membres des deux chambres et du corps universitaire auxquels j'avais communiqué mon manuscrit, m'engageaient beaucoup à le publier, lorsque parut l'Ordonnance royale du 16 mars dernier, soulevant de nouveau la question de la réorganisation des Facultés de Droit.

Je compris dès-lors que dans la vue d'un but utile, il fallait faire taire tous les scrupules, et, d'après le conseil que m'avait donné un écrivain et orateur politique des plus illustres de la France, j'élargis le cadre de mon Mémoire, afin de donner plus de clarté à mes idées, et d'ajouter de nouvelles considérations aux argumens que je fais valoir. D'un autre côté, je trouvai que le système d'éducation à suivre pour les jeunes gens qui se destinent à la carrière diplomatique, méritait de préférence d'être traité d'une manière plus étendue ; c'est encore un sujet dont les écrivains politiques se sont peut-être le moins occupés.

Mon Mémoire s'est ainsi transformé en un volume, que je présente à la critique impartiale des hommes compétens, sans autre prétention que celle de provoquer une polémique scientifique sur les graves questions, que le gouvernement vient de confier à la sollicitude de la haute commission des études de Droit.

En quittant la plume je dirai avec Quintilien : *ut quam mihi in alium libertatem adsumpsi, eâ quoque in me ipsum utatur.*

L'AUTEUR.

Paris, en juillet 1845.

MINISTÈRE
de
l'Instruction publique.

1re DIVISION.

Personnel
et Administration
des établis. universitaires.

FACULTÉS.

Fo 5
de l'enregistrement
général.

UNIVERSITÉ DE FRANCE,

Paris, le 18 mai 1840.

Monsieur,

J'ai reçu avec la lettre que vous m'avez fait l'honneur de m'adresser, le mémoire où vous avez bien voulu m'exposer vos vues sur les modifications à introduire dans l'enseignement des Facultés de Droit.

Je vous suis très reconnaissant, Monsieur, de cette communication. Votre travail annonce une grande connaissance de la matière, des vues élevées et étendues, et je ne manquerai pas de le consulter lorsque j'aurai à m'occuper des graves questions qui y sont traitées.

Il est digne, Monsieur, de votre patriotisme éclairé de chercher ainsi à tourner au profit de la jeunesse de nos écoles, les résultats de vos lumières et de votre expérience.

Recevez, Monsieur, l'assurance de ma considération distinguée.

Le pair de France,
Ministre de l'instruction publique,
V. COUSIN.

MONSIEUR
LOUIS DEBRAUZ, *docteur en droit.*

INTRODUCTION.

Le système de centralisation administrative présente beaucoup d'analogie avec le principe du gouvernement absolu. L'un et l'autre ont pour but de concentrer le pouvoir, afin d'imprimer et plus d'ensemble et plus d'énergie à la marche des affaires publiques.

Mais, de même que la forme absolue de gouvernement n'atteint complétement son but que lorsque des hommes doués d'une haute capacité se trouvent placés au gouvernail de l'État, de même le système de centralisation, pour être pratiqué avec succès, exige des fonctionnaires habiles et éprouvés. Cette dernière nécessité se manifeste surtout dans un pays comme la France, où l'esprit bureaucratique, inféodé par le gouvernement militaire de l'empire, prédomine dans toutes les branches de l'administration.

Lorsque de grands conquérans, comme Frédéric II ou Napoléon, déposent l'épée pour tenir le sceptre, l'administration se réduit bientôt à n'être plus que le reflet de leur volonté, à l'ombre de laquelle s'abritent toutes les illégalités et les vexations commises par les fonctionnaires subalternes.

Afin que la responsabilité ministérielle puisse être une vérité, il faut d'abord que les ministres soient libres dans le choix des fonctionnaires qu'ils emploient pour réaliser les actes du gouvernement. Mais, d'un autre côté, il est nécessaire d'inspirer aux citoyens la conviction que leurs intérêts sont confiés à des mains habiles. Tout gouvernement constitutionnel puisant sa force principale dans l'adhésion de l'opinion publique, doit constamment rechercher la confiance des administrés.

En France, l'administration laisse encore beaucoup à désirer sous ce rapport. Des hommes d'état et des publicistes distingués en ont depuis long-temps signalé les lacunes et appelé l'attention du gouvernement sur l'urgence de déterminer, par une loi spéciale, les garanties intellectuelles et morales que doivent présenter ceux qui aspirent à des fonctions publiques.

A cet effet, quelques députés jugèrent à propos de présenter, dans le cours de la dernière session, une proposition tendante à fixer les conditions d'admission et d'avancement dans les emplois publics (1). Cette proposition, émanant de l'initiative d'hommes qui à l'autorité de l'expérience joignaient le caractère de fonc-

(1) Voyez les développemens de la proposition de MM. d'Haussonville, de Sahune, de Saint-Marc Girardin, de Gasparin, de Saint-Aulaire et Rihouet, présentée à la Chambre des Députés, dans la séance du 8 avril 1844, par l'honorable M. Saint-Marc Girardin.

tionnaires de l'État, ne pouvait manquer de rencontrer d'abord beaucoup de suffrages. Elle fut donc accueillie avec une faveur marquée dans les bureaux de la chambre. Mais la commission chargée d'en faire le rapport, en l'examinant de près, jugea nécessaire d'y introduire des modifications essentielles avant d'en proposer l'adoption. Malgré les efforts des auteurs de la proposition et le discours éloquent de M. Dufaure, rapporteur, elle fut rejetée dans la séance du 6 février de cette année, par 157 boules noires contre 156 boules blanches. Et il ne faut pas se le dissimuler, ces dernières voix s'adressaient bien plus à l'intention très louable qui avait dicté la proposition, qu'à la forme dans laquelle elle avait été conçue dans l'origine, ou postérieurement amendée par la commission ; car, ainsi que la *Presse* le fit très judicieusement observer dans un article publié la veille de la discussion, cette proposition était le faîte d'un édifice dont la première assise restait encore à poser.

En effet, les auteurs de la proposition ne se sont nullement préoccupés de la condition actuelle, en France, de l'enseignement supérieur *qui agit de si près sur la préparation d'un grand nombre d'esprits, destinés à exercer un jour les principales fonctions de la vie civile* (1).

L'insuffisance de l'enseignement des Facultés de Droit en France, pour former des administrateurs capables, est un fait constaté par le témoignage d'hommes éminens, tels que Cuvier, Guizot, Salvandy, Émile de Girardin, Blondeau, Macarel et autres, qui ont réclamé et réclament encore une instruction plus convenable et mieux appropriée à la mission de ceux qui se destinent aux fonctions publiques.

L'État a le droit d'exiger que les hommes qui ambitionnent des emplois possèdent les capacités nécessaires pour les remplir avec honneur et dignité ; mais l'équité et la prudence imposent

(1) Projet de loi sur l'instruction secondaire, présenté à la Chambre des Députés par M. le Ministre de l'instruction pubique, dans la séance du 10 juin 1844.

également à l'État l'obligation de leur fournir le moyen d'acquérir les connaissances voulues. Il serait bien dangereux de laisser aux spéculations privées le soin de former les aspirans aux fonctions publiques. La science du gouvernement ne peut jamais être enseignée en dehors de l'État; il y aurait à craindre, qu'elle ne fût enseignée contre lui-même. « *La volonté forte de l'État*, dit l'honorable M. Thiers (1), *d'amener tous les citoyens à un type commun, s'est proportionnée au patriotisme de chaque pays, et dans les républiques anciennes, où la patrie était le plus adorée et le mieux servie, elle montrait les exigences les plus grandes à l'égard des mœurs et de l'esprit des citoyens; elle voulait qu'ils lui ressemblassent plus complétement pour la mieux aimer, la mieux servir.* »

Ces paroles sont à plus forte raison applicables à la jeunesse destinée à servir un jour

(1) Rapport sur le projet de loi relatif à l'instruction secondaire, présenté le 13 juillet 1844.

l'État et à s'identifier avec lui, et dont par conséquent il faut faire *des citoyens pleins de l'esprit de la Constitution, aimant les lois, aimant le pays, ayant les penchans qui peuvent contribuer à la grandeur, à la prospérité nationales* (1). C'est ainsi que le gouvernement préparera, entre lui et les futurs fonctionnaires, cette uniformité de vues et cette solidarité d'intérêts qui, en rendant la marche de l'administration prompte et facile, redoublent l'autorité et l'efficacité du pouvoir. Alors les employés publics, au lieu d'être des instrumens passifs, seront les auxiliaires intelligens de la pensée dirigeante du gouvernement; plus ils apprécieront la politique, plus ils honoreront les intentions du gouvernement, et plus ils apporteront de zèle dans l'accomplissement de leurs propres devoirs.

Déjà sous l'administration du 15 avril, le comte de Salvandy, étant ministre de l'ins-

(1) Thiers, même rapport.

truction publique, avait conçu l'heureuse idée d'instituer une *haute commission des études de droit*, chargée de proposer les moyens d'élever l'enseignement des Facultés de Droit au niveau des progrès de la science et des besoins de l'administration publique.

Appelé de nouveau par la confiance du Roi à la tête de l'instruction publique, le comte de Salvandy, avec cette activité féconde qui marque toujours son arrivée aux affaires, s'empressa de réorganiser la commission dont nous venons de parler, et dans un excellent rapport au Roi, en date du 16 mars 1845, il résuma, avec autant de clarté que de talent, les questions à résoudre par elle (1).

(1) La haute commission des études de droit est aujourd'hui composée ainsi : MM. Rossi, pair de France, doyen de la Faculté de Droit de Paris ; le comte Portalis, pair de France, premier président de la cour de Cassation ; Dupin aîné, député, procureur-général à la cour de Cassation ; Laplagne-Barris, pair de France, président à la cour de Cassation ; Bérenger, pair de France, con-

En attendant, plusieurs projets, appuyés des noms les plus recommandables, ont été présentés au gouvernement. Les divers systèmes qui y sont exposés peuvent se réduire à deux principaux : le premier demande la création d'une *école administrative spéciale*, indépendamment des Facultés de Droit; l'autre, ne considérant les sciences politiques que comme le complément de la jurisprudence, soutient qu'elles doivent être puisées à la même source, et, partant, réunies à l'enseignement du droit. Les hommes pratiques penchent généralement vers ce dernier système; cependant M. Laboulaye a publié un ouvrage très remarquable (1)

seiller à la cour de Cassation; Girod (de l'Ain), pair de France, président de la section du contentieux au conseil d'État; Frank-Carré, pair de France, premier président de la cour royale de Rouen; Blondeau, professeur à la Faculté de droit de Paris; de Fougères, professeur à la Faculté de droit d'Aix; Schutzenberger, deputé, professeur à la Faculté de droit de Strasbourg; Giraud, inspecteur général du droit, membre de l'Institut.

(1) *De l'Enseignement et du noviciat administratif en Allemagne.* Paris, 1843.

pour démontrer la préférence que mérite l'opinion contraire. M. Laboulaye puise ses convictions dans l'exemple de l'Allemagne. Muni d'une recommandation de M. Cousin, alors ministre de l'instruction publique, il a été à même d'examiner de près l'organisation intérieure des universités allemandes et d'en connaître le système et la méthode d'enseignement. Mais, n'en déplaise au savant publiciste, nous qui, à notre tour, avons visité les universités d'outre-Rhin et en avons étudié les constitutions organiques, nous sommes arrivé à une conclusion diamétralement opposée à la sienne, et que justifie un passage même de l'ouvrage de M. Laboulaye (1) : « *En Allemagne*, dit l'auteur, *toutes les Facultés sont réunies et matériellement et administrativement; l'enseignement est calculé pour que ces Facultés se complètent les unes par les autres, que l'étudiant en droit, par exemple,*

(1) Page 549 du tome XVIII de la *Revue de Législation et de Jurisprudence*, où l'ouvrage de M. Laboulaye a été inséré.

puisse suivre le cours d'administration, et réciproquement que le futur administrateur puisse suivre les cours de jurisprudence qui lui sont nécessaires. »

M. Laboulaye semble avoir confondu l'organisation de l'enseignement supérieur en Allemagne, avec la faculté laissée aux étudians de suivre, à leur gré, les cours qu'ils jugent le mieux adaptés à leur vocation. L'unique examen auquel les élèves sont soumis est celui de *qualification*, c'est-à-dire qu'avant d'être immatriculés à l'Université, ils doivent constater qu'ayant reçu l'*éducation classique*, ils sont aptes à être admis au nombre des citoyens académiques. Ils restent ensuite complétement libres dans le choix de leurs études et maîtres de l'emploi de leur temps (1).

(1) Le système des examens publics, tel qu'il existe en France, n'est adopté qu'en Autriche et en Bavière, dont les universités étant dotées et entretenues par l'État, sont aussi plus particulièrement chargées d'élever les aspirans à la carrière des fonctions publiques.

L'institution des universités dans l'étendue de la Confédération germanique est autonome. Pourvues de riches patrimoines, dus à la munificence des princes et aux legs et dotations des personnes privées, les universités allemandes sont régies par leurs propres statuts et jouissent d'une liberté illimitée en matière d'enseignement, ce qui les rend tout-à-fait indépendantes des gouvernemens. Préposées à la culture de la science pure et au progrès rationel de l'esprit humain, elles poursuivent leur mission, abstraction faite de la vie empirique de l'État ; elles ne préparent donc à aucune carrière libérale de la société, et encore moins aux emplois publics, puisqu'elles ne dispensent point les connaissances positives et déterminées, dans lesquelles se résume le système pratique du gouvernement. Bref, elles ne sauraient être mieux comparées qu'au collége de France, dont M. Cousin (1)

(1) Séance de la Chambre des Pairs du 14 avril 1845.

a très bien défini le but en disant : *qu'il n'avait en vue que l'avancement de la science par l'enseignement de ses parties les plus élevées.*

L'organisation du collége de France, laissant une libre carrière au génie observateur et pénétrant des savans, pourvoit assez largement à l'intérêt de la science, pour justifier en France la création d'écoles de Droit établies sur un principe d'utilité pratique conforme au but suprême de l'État et aux besoins de l'administration civile.

Si les divers systèmes proposés jusqu'ici, ont plus ou moins donné prise à la critique, c'est que n'étant pas basés sur la liaison étroite qui existe entre la jurisprudence et la politique, ils manquaient nécessairement d'ensemble, quant aux réformes à introduire dans l'enseignement des écoles de Droit. Séparer la jurisprudence de la politique, c'est briser l'unité d'action vers laquelle doivent tendre sans cesse toutes les forces physiques et morales de l'État, afin de faciliter la réalisation du but commun.

Dans les états constitutionnels, où il existe une lutte permanente entre les partis, l'unité d'action est, plus qu'ailleurs, l'instrument de la stabilité du pouvoir, témoin l'Angleterre. Là, les changemens de cabinet sont rares et ne produisent, lorsqu'ils s'effectuent, aucune oscillation dans le gouvernement, tandis qu'en France la moindre éventualité d'une crise ministérielle alarme et trouble la tranquillité publique. Cela tient uniquement à la différence, qui existe dans la situation et la tactique des partis dans les deux pays. En Angleterre, on ne connaît pas toutes ces nuances politiques qui morcellent chez nous les majorités parlementaires ; il n'y a que deux grands partis : les Torys et les Wighs, dont, au premier signal des chefs respectifs, les membres serrent leurs rangs et se présentent devant l'ennemi en une phalange compacte. Lorsqu'après une bataille décisive l'un des deux partis a conquis le pouvoir, il s'empresse d'attirer à lui toutes ses forces, en faisant entrer dans le cabinet tous ceux qui ont directement contribué à son triomphe. Si les portefeuilles disponibles ne suffisent pas, on en crée de nouveaux, afin qu'aucun homme marquant ne reste en dehors du centre des affaires. On pense avec raison, que le succès n'est réel que lorsqu'il est durable, et qu'il est plus facile de l'obtenir que d'en conserver les avantages.

Une si heureuse unité d'action ne s'obtient pas d'un seul coup dans un pays comme la France, qui, dans l'espace d'un demi-siècle, a subi quatorze révolutions et autant de changemens de forme gouvernementale, passant d'abord de la monarchie pure à la démagogie, et ensuite de l'autocratie militaire au régime constitutionnel. La génération actuelle, ayant été plus ou moins mêlée à ces reviremens politiques, doit nécessairement s'en ressentir, et offrir un mélange d'opinions les plus opposées, suivant la couleur du drapeau sous lequel les uns et les autres ont combattu. La disparité des idées, que l'on rencontre jusque dans le sein des Chambres, paralyse par une opposition systématique, les efforts du gouvernement, et, en rendant stériles les discussions parlementaires, tend à neutraliser les avantages du système représentatif. Il n'y a, contre cette funeste divergence de vues et de sentimens chez une nation, de remède plus efficace que l'éducation commune de ceux qui, dans la sphère administrative, dans la carrière parlementaire, par les mille voix de la presse périodique ou par leurs écrits, réagissent directement ou indirectement sur l'opinion publique. On arrive aisément au même but quand on part du même principe. Qu'ils acquièrent indistinctement les mêmes convictions et se pénètrent des mêmes maximes politiques, leurs efforts convergeant ensuite tout naturellement, conserveront l'harmonie entre les grands pouvoirs de l'État et imprimeront à l'esprit national une direction aussi salutaire qu'uniforme.

Tels que les rayons de lumière absorbés par le prisme reflètent dans une fusion harmonieuse leurs couleurs primitives, tel l'enseignement supérieur, embrassant dans son ensemble toutes les branches de la science gouvernementale, doit reproduire le type originaire du *but social*. Ce n'est qu'en remontant à ce principe primordial, que l'on peut déterminer l'éducation des futurs fonctionnaires, dont la mission n'est autre que celle d'aider le gouvernement à satisfaire aux besoins de la société civile.

Avant donc d'esquisser notre plan d'études, nous allons examiner les rouages du mécanisme intérieur de l'État; car en étudiant le jeu compliqué des institutions civiles, nous arriverons sans peine à reconnaître l'importance relative de chaque science politique et judiciaire, et à déterminer la place qui lui appartiendra dans la réorganisation des facultés de Droit.

Loin de nous la prétention de croire notre travail irréprochable ; malgré ses imperfections, nous aimons à espérer cependant, que l'on voudra du moins nous savoir gré, d'avoir tenté une route nouvelle, en basant l'éducation des futurs fonctionnaires sur *l'idée corrélative de l'État*, principe qui, nonobstant les modifications dont il est susceptible dans la vie concrète, peut être indistinctement appliqué à tous les pays et à toutes les formes gouvernementales.

Le problème que nous essaierons de résoudre est digne de l'attention de tous ceux qui se préoccupent de l'avenir de leur patrie. L'éducation de la jeunesse studieuse a été hautement proclamée par un des principaux gouvernemens de l'Allemagne : *Question vitale de la civilisation* (1).

(1) Manifeste du gouvernement de Bavière sur la réforme de l'enseignement public, inséré dans la *Gazette officielle de Munich,* en mars 1832.

CHAPITRE PREMIER.

JURISPRUDENCE.

> Telle est, en effet, l'idée première qui s'offre à l'esprit des hommes quand on prononce le mot civilisation ; on se représente à l'instant l'extention, la plus grande activité des relations sociales : d'une part une production croissante des moyens de force et de bien-être dans la société, et de l'autre une distribution équitable, entre les individus, de la force et du bien-être produits.
>
> (GUIZOT, *Histoire de la Civilisation*).

§ 1.

BUT SOCIAL.

L'homme n'est pas né pour vivre seul. Enfant, il réclame les soins, la vigilance de l'amour maternel contre les mille dangers qui menacent sa frêle existence ; jeune homme, il a besoin d'être guidé et soutenu par les conseils de l'expérience, pour éviter les écueils qui bordent le sentier de la vie ; arrivé à la virilité, son cœur cherche une compagne pour partager avec elle les plaisirs et les peines qui réjouissent et affligent tour à tour la condition humaine ; à toutes les époques enfin de son existence, l'homme se sent, soit par sympathie, soit par besoin, entraîné vers ses semblables, dont le secours lui est nécessaire, tantôt pour repousser la force brutale, tantôt pour lutter contre la fureur des élémens. C'est ainsi qu'il passe successivement et alternativement de la vie de famille à la vie sociale.

La société civile étant une réunion d'êtres intelligens et moraux, doit avoir un but. Pour en déterminer la nature, il faut remonter à l'origine même de l'état social.

Trop faible pour défendre seul les droits qu'il tient de la nature contre la violence arbitraire des autres, l'homme s'est trouvé dans la nécessité de sortir de son isolement, pour invoquer une loi générale protectrice des droits de chacun, et prendre l'engagement de respecter les droits d'autrui, afin que l'on respectât les siens.

Tout en subissant les obligations de la société civile, l'homme ne pouvait pas abdiquer le but principal de son existence, qui n'est autre que le perfectionnement physique et moral de son être; car autrement il aurait travaillé à détruire l'essence vitale de son individualité, qui constitue le principe fondamental de tous ses droits. Otez à l'homme le caractère majestueux de sa destination divine, ce n'est plus le maître de la création, celui dont le regard contemple le ciel, mais un esclave qui devient, comme la brute, la propriété d'autrui; c'est *une chose* dont les lois romaines (1) vous autorisent à user et à mésuser selon votre

(1) *Frag.* 4. *Dig.* IV, 5. *De capitis minutione. Frag.* I, § 1. *Dig.* I, 6. *De his qui sui vel alieni juris sunt.*

volonté. Non, jamais la société ne saurait empêcher l'accomplissement du but suprême de l'homme ; au contraire, son propre intérêt la porte à le favoriser par tous ses moyens. La *sûreté publique* naît de la garantie des droits de chacun, et la *prospérité générale*, du bien-être individuel des membres de la communauté. Parvenir à cette double fin, voilà le grand problème social que doit résoudre la science gouvernementale, qui, d'après sa double tendance, se divise donc en deux sections principales : *Jurisprudence* et *Politique*. La Jurisprudance détermine le *mien* et le *tien*, en établissant les droits de tous et de chacun. La Politique s'applique à développer toutes les forces individuelles de l'État pour assurer la grandeur et la prospérite nationales.

§ 2.

DIVISION DE LA JURISPRUDENCE.

Dans la vie sociale ou civile, l'homme peut être considéré sous trois rapports distincts :

comme membre de la famille existant dans l'État, comme citoyen, et enfin comme membre d'un Etat relativement aux membres d'un autre Etat. De là, la triple division de la jurisprudence en *droit privé, droit public* et *droit des gens.*

§ 3.

DROIT NATUREL ET POSITIF.

La source du droit est la raison pure ou la loi positive. Dans le premier cas, le droit s'appelle *droit naturel;* dans le second, *droit positif.* Le droit naturel a ses principes fixes et immuables, comme la raison d'où il découle, et qui, en dernière analyse, est la vérité seule et unique. Le droit positif fondé sur le droit naturel varie cependant suivant la forme du gouvernement, la religion, les mœurs, les usages, les besoins des nations. Il y a donc presque autant de Codes différens qu'il y a d'États.

§ 4.

DROIT ROMAIN.

Au milieu de cette diversité de lois qui régissent les peuples, on distingue cependant des Codes qui, par la sagesse des dispositions qu'ils renferment, la solidité des principes sur lesquels ils sont basés et la sagacité prévoyante avec laquelle ils ont été conçus, ont acquis une autorité universelle, justifiée et consolidée par l'expérience des siècles. Tel est surtout le *droit romain*, cette *raison écrite*, qui forme la pierre angulaire de la jurisprudence moderne, et que les législateurs et les jurisconsultes de tous les pays n'ont jamais cessé de consulter. Leibnitz, un des plus profonds penseurs de l'Allemagne, nous explique en ces termes la raison de la supériorité et de la prépondérance du Code Justinien : *Dixi sæpius post scripta geometrarum nihil extare, quod vi aut subtilitate cum romanorum jureconsultorum scriptis comparari possit : tantum nervi inest, tantum profunditatis. Nec uspiam juris naturalis præclari exculti uberiora vestigia deprehendas.*

§ 5.

DROIT CANON.

L'efficacité des lois s'arrête sur le seuil du for intérieur de la conscience. Dieu, qui d'un rayon de sa lumière, éclaira l'intelligence de l'homme et en réchauffa le cœur du souffle de son amour, s'est réservé l'empire exclusif de la pensée et du sentiment. Pour guider l'homme à travers les ténèbres de l'ignorance et de l'erreur, et l'amener à cette abnégation de soi-même, qui enfante l'héroïsme et toutes les nobles vertus, il fit descendre la religion des régions célestes. Sur les ruines du paganisme, la croix s'éleva comme un symbole de paix et de charité fraternelle; la voix de l'Evangile retentit, et la statue de Jupiter tonnant au Capitole tombe en poussière pour faire place à la chaire de Saint-Pierre.

Au fur et à mesure que le christianisme étendait ses branches sur la surface du globe, l'autorité du chef de l'Église s'établissait forte et glorieuse sur les nations soumises jadis à la domination des Romains, et on vit bientôt les monarques les plus puissans de la terre venir s'incliner devant la majesté du Vatican. Au moyen âge, les papes étaient devenus les arbitres vénérés du monde entier. « *La monarchie spirituelle des pontifes romains,* dit un diplomate distingué (1), *était fondée sur le besoin d'un pouvoir moral pour tempérer les désordres grossiers de la société durant le moyen âge. On peut, avec justice, regarder l'influence immense de l'autorité papale à cette époque de confusion et de ténèbres,* COMME UN BIENFAIT POUR L'HUMANITÉ. *Elle sauva l'Europe de la barbarie, et devint le seul refuge contre l'oppression féodale.* » Ces pa-

(1) *Histoire des progrès du droit des gens en Europe,* par Henri Wheaton, ministre des États-Unis d'Amérique près la cour de Berlin; ouvrage couronné par l'Académie Française au concours de 1837.

roles sont d'autant plus remarquables, qu'elles sortent de la bouche d'un écrivain appartenant à l'église protestante.

Aujourd'hui encore, le pouvoir religieux se trouve partout mêlé à la marche progressive des temps, par la raison que les lois humaines ne pouvant réagir sur les facultés de l'ame, le perfectionnement moral de la société ne se développe qu'autant qu'il est secondé par le zèle qu'imprime la foi, par l'énergie que donne l'espérance et par le dévoûment qu'inspire la charité.

Les croyances religieuses, a écrit un philosophe et homme d'état éminent (1), *sont d'un inappréciable secours au bon gouvernement des affaires humaines. Pour bien s'acquitter de sa tâche en ce monde, l'homme a besoin de la regarder d'en haut. Si son ame n'est qu'au niveau de ce qu'il fait, il tombe aussitôt au dessous et devient incapable de l'accomplir dignement.*

A toutes les pages des annales européennes

(1) Guizot, *Vie de Washington.*

on retrouve le pouvoir temporel s'appuyant sur l'autorité de l'Église. Préciser et établir les rapports mutuels entre l'État et l'autorité ecclésiastique, tel a été l'objet du *droit canon*, que son importance et la suprématie universelle des pontifes romains, dont il tire sa force principale, ont rendu tout aussi célèbre que les Pandectes.

§ 6.

DROIT CIVIL ET DROIT PÉNAL.

Selon que le droit positif est appelé à régler les transactions ordinaires de la vie sociale, ou à réprimer les actions contraires à la sûreté publique et privée, il prend le nom de *droit civil* ou de *droit pénal*.

§ 7.

DROIT CIVIL GÉNÉRAL, DROIT CIVIL EXCEPTIONNEL.

Le droit civil détermine ou les rapports légaux de tous les citoyens, ou ceux d'une classe particulière de la société; dans le premier cas, il prend la dénomination de *Code général;* dans le deuxième cas, son titre varie selon les besoins auxquels il est destiné à pourvoir. C'est ainsi que dans tout État bien organisé il y a, indépendamment du *Code civil universel*, un *Code de commerce et de changes*. Les États maritimes ont des *Codes de navigation*. Plus les institutions d'un État sont développées, plus le nombre des Codes particuliers augmente.

Les lois exceptionnelles sont réclamées par des besoins particuliers, pour lesquels les dispositions générales de la loi civile seraient inefficaces ou insuffisantes. Le commerce, par exemple, dont le crédit est l'âme, exige certaines mesures de rigueur, à l'effet de maintenir la confiance mutuelle, si nécessaire entre les négocians. Les mêmes mesures, appliquées aux transactions communes de la vie, ne leur apporteraient que des entraves.

§ 8.

PROCÉDURE CIVILE.

Tout droit, à cause de sa forme abstraite, est censé n'exister qu'autant qu'il est donné d'en jouir librement. Les hommes réunis en société ont donc mis leur premier soin à élever un rempart contre la violation de leurs droits, en constituant un pouvoir chargé de maintenir chaque individu dans sa sphère légale d'action, et de rendre prompte justice à la partie lésée.

Chez les peuples dont l'instinct moral n'a pas été faussé par la chicane et l'intrigue, fruits amers d'une éducation mal dirigée, la justice est administrée d'une manière simple et naturelle. Quel tableau sublime et touchant que saint Louis, assis à l'ombre d'un chêne séculaire, prononçant ses arrêts, toujours accueillis avec le respect que des enfans soumis ont pour la volonté d'un père vénéré ! Quel contraste entre ces temps, de patriarcale mémoire, et notre époque !

Par le contact continuel avec la civilisation, le vice perd, il est vrai, de sa rudesse et de sa grossièreté ; mais en couvrant sa laideur naturelle d'un vernis brillant, il n'en devient que plus dangereux. Le raffinement des mœurs aiguillone son imagination et accroît son audace. Plus la fraude est féconde en ressources, plus il faut armer le bras de la justice contre ses artifices. De là, la nécessité de soumettre la démonstration du droit à une série d'épreuves, afin de rendre le mensonge et la ruse impuissans à tromper la conscience des juges.

Les formalités à remplir pour revendiquer son propre droit, constituent ce qu'en termes techniques on appelle *procédure civile.* Plus les nations sont policées, plus les moyens probatoires à faire valoir devant la justice doivent-ils être ingénieux et difficiles à établir.

C'est une grave erreur de regarder la procédure comme une pure affaire de routine. Son origine en démontre assez l'importance. Le moraliste et l'homme d'état y trouveront toujours un guide certain pour juger du caractère d'un peuple et de l'esprit de son gouvernement.

§ 9.

TRANSITION DU DROIT PRIVÉ AU DROIT PUBLIC.

S'il était permis à chaque citoyen de se faire justice à soi-même, l'anarchie régnerait bientôt dans la société, et la force physique tiendrait lieu de la légalité du titre. Pour obvier à ce désordre, le droit particulier a été placé sous la sauve garde de l'autorité publique, c'est-à-dire sous la tutelle de l'État, à qui appartient exclusivement l'administration de la justice civile et criminelle. La procédure civile forme donc la transition naturelle du droit privé au droit public; c'est le lien qui rattache les intérêts individuels du citoyen aux intérêts de la société entière.

La juridiction criminelle rentre entièrement dans le domaine du droit public; car la vindicte publique que l'État exerce contre ceux qui, par des crimes ou des délits, compromettent sa sûreté et sa tranquillité, tend directement au salut de tous.

§ 10.

DROIT PUBLIC INTÉRIEUR.

Dans toute la nature animée, depuis le vermisseau qui se traîne dans la poussière jusqu'à l'aigle qui plane dans l'air, depuis l'humble insecte jusqu'au chef-d'œuvre de la création, on rencontre une double vie. Tout être qui a la conscience de son existence, sent *le besoin de faire passer ses sentimens dans le monde extérieur, de réaliser en dehors sa pensée* (1).

Il ne peut en être autrement de l'État, dont l'action n'est que l'expression collective de l'organisme individuel de chacun de ses membres.

D'un autre côté, l'homme tout en consti-

(1) Guizot, *Histoire de la Civilisation.*

tuant une unité physique, à l'instar de chaque sujet organique du règne animal ou végétal, forme en même temps l'élément essentiel d'une société morale qui ne comprend pas seulement tel ou tel territoire borné par les Alpes ou limité par l'Océan, mais qui embrasse toute la grande famille humaine.

Malgré la diversité des peuples, des états et des gouvernemens, une loi suprême, universelle, les régit tous également, en les soumettant à l'*empire du droit*, qui devient par conséquent la base fondamentale des rapports légaux et mutuels entre les citoyens et le Gouvernement, et le principe suprême des relations internationales.

Telle est l'origine du droit public intérieur et du droit public extérieur. L'un s'appelle plus communément *Droit constitutionnel*, l'autre, *Droit des gens*.

Le droit public intérieur se fonde sur la raison pure ou sur les statuts du contrat social (Constitution ou Charte). Inutile d'ajouter, que dans ce dernier cas il varie selon le pays, l'origine des peuples, leur éducation et la forme de leur gouvernement, tandis que le droit public naturel, puisé à la raison et devant servir de règle au droit public positif, demeure immuable.

§ 11.

DROIT DES GENS.

L'État n'est pas une hypothèse philosophique, spéculative, transcendante; c'est un fait historique auquel la nature de l'homme a donné naissance. Les mêmes principes qui règlent les rapports mutuels d'homme à homme, s'appliquent partout aux relations réciproques d'État à État. Le droit des gens, en dernière analyse, n'est donc que l'application du droit privé, avec cette différence que le droit privé a pour objet une personne physique, tandis que l'autre se rapporte à une personne morale.

§ 12.

SYSTÈME DE PAIX PERPÉTUELLE.

S'il a été possible de concilier, dans une union collective telle que la société civile, la multitude diverse des intérêts particuliers, individuels, pourquoi ne serait-il pas possible d'établir et de maintenir une harmonie perpétuelle entre les nations, au moyen d'une fédération de tous les États? Telle est l'importante question, qu'ont mise en avant des écrivains, célèbres autant par l'élévation de leurs idées, que par la générosité de leurs sentimens.

L'histoire de l'humanité compte trop de pages sanglantes, pour ne pas engendrer dans tous les hommes de bien le désir ardent de voir disparaître à jamais le terrible fléau de la guerre, triste héritage des temps barbares.

Le défaut d'un Code universel régissant toutes les nations rendra bien long-temps encore un pareil vœu stérile.

Pour y suppléer, le coryphée de la philosophie allemande (1), saisissant l'idée *de la paix perpétuelle* présentée dans le siècle précédent par Saint-Pierre, Rousseau et Bentham, proposa, peu de temps après la paix de Bâle, un système de fédération européenne, représentée par un aréopage permanent et prononçant en juge et arbitre souverain dans toutes les questions internationales. (2)

(1) *Projet de paix perpétuelle, Essai philosophique*, par Emanuel Kant.

(2) Cette idée appartient originairement à Henri IV. Dans l'intention d'anéantir la puissance de la maison de Habsbourg, il avait conçu le projet d'une république chrétienne universelle, composée de quinze états, ayant autant que possible une étendue territoriale égale, et garantissant aux trois religions, catholique, luthérienne et réformée, les mêmes droits et la même protection. De ces quinze états, six étaient des monarchies héréditaires. l'Espagne, la France, l'Angleterre, la Suède, le Danemarck et la Lombardie; cinq étaient électifs : l'Allemagne, la Bohême, la Hongrie, la Pologne et les États du Pape, y compris Naples; quatre formaient des républiques : la Suisse, les Pays-Bas, Venise, en y joignant la Sicile et l'Italie (Gênes, Florence, Mantoue, Parme, Luques, Bologne et Ferrare). Un congrès permanent, com-

Le système de Kant repose sur deux conditions. Chaque Gouvernement devrait avoir une

posé de soixante-six plénipotentiaires, aurait été chargé de diriger les affaires de la confédération, et de régler tous les différends religieux et politiques qui surviendraient entre les États confédérés. Les décisions du congrès, prononcées et promulguées au nom de tous les gouvernemens de l'Union, auraient été irrévocables et partant sans appel. Pour réaliser ce projet, on aurait commencé par faire rentrer l'Espagne, par la force des armes, dans ses limites primitives, en lui ôtant le Portugal, la Sardaigne, Milan, les îles Baléares, les Açores et autres colonies. Ensuite les puissances chrétiennes se seraient réunies pour refouler les Turcs en Asie. On en aurait agi de même envers la Russie, si celle-ci s'était refusée d'entrer dans la Confédération.

Ce plan grandiose et gigantesque, que le poignard de Ravaillac fit avorter, tout en prouvant l'immense supériorité du Béarnais sur tous les hommes d'État de son époque, pêche par la base, puisque c'est par une guerre d'agression et par la violation de l'indépendance des autres États qu'on voulait établir l'harmonie universelle entre les nations. Mais, malgré l'illégalité de son principe, ce plan renferme des aperçus politiques d'une si rare perspicacité et d'une si grande justesse, que le congrès de Vienne n'a pas hésité, d'asseoir sur un principe analogue le système de la Confédération Germanique et l'équilibre général de l'Europe.

forme républicaine, et renoncer à son indépendance naturelle pour se soumettre à des lois universelles, coërcitives, dirigeant l'État des nations. *(Civitas gentium.)*

Indiquer ce plan, c'est démontrer l'impossibilité de le réaliser dans les conditions du système politique actuel de l'Europe. La doctrine de Kant a été d'ailleurs réfutée avec autant d'énergie que de talent par un autre philosophe allemand (1), qui regarde avec raison la souveraine indépendance de l'État comme le plus doux bienfait de la vie sociale et le moteur principal de la grandeur des nations.

Il est évident, que le projet de paix perpétuelle, tel qu'il a été conçu par Kant, suppose une révolution radicale à opérer dans les lois organiques des états européens. La constitution de presque tous les gouvernemens, absolus ou constitutionnels, confère au prince la prérogative de déclarer la guerre et de faire la

(1) Hegel, *Élémens de la philosophie du droit.*

paix. Selon l'auteur du projet, ce droit devrait être réservé aux citoyens qui, pour éloigner les calamités et les charges de la guerre, seraient portés à désirer et à maintenir la paix.

Il faut l'avouer, autant le système de Kant, considéré dans son principe abstrait, paraît grand et noble, autant serait-il dangereux de vouloir seulement en faire l'essai : au lieu d'assurer la paix perpétuelle, il provoquerait l'anarchie et amènerait un bouleversement universel.

Parcourons les fastes des Empires, nous y verrons la politique de chaque État empreinte d'un caractère particulier, suivant la situation géographique, l'étendue du territoire, le nombre de la population, et une foule d'autres circonstances dérivant des usages, des lois, des traités internationaux. Cyrus, Alexandre, Auguste sont-ils guidés par les mêmes intérêts que Charlemagne et Napoléon? Carthage, la Grèce, Venise suivent-elles dans le développement de leur puissance maritime la même voie que l'Angleterre ou les États-Unis d'Amérique? Mahomet entraîne-t-il son peuple à la conquête du monde par les mêmes moyens que Gengis-Khan? Les lois de Solon et de Lycurgue sont-elles suivies par le sénat romain, ou conviennent-elles aux exigences des gouvernemens constitutionnels de l'Europe moderne?

Faudra-t-il donc renoncer à jamais à l'espoir d'une alliance fraternelle entre les nations?

Nous ne le pensons pas.

A cette fièvre brûlante, à ce mouvement impatient, à cette ardeur fougueuse qui poussent notre siècle aux améliorations sociales, qui ne reconnaît que l'humanité se trouve encore aujourd'hui dans sa jeunesse, et que pour arriver à sa maturité il lui reste encore une longue carrière à parcourir?

C'est vers ce perfectionnement moral qu'une voix secrète la pousse avec une force irrésistible, en lui criant sans cesse : *En avant!*

Mais cette heureuse maturité n'arrivera que quand l'esprit de parti sera détruit, quand toutes les haines seront déracinées, les jalousies éteintes, quand enfin la religion unira toutes les nations par les liens de la charité chrétienne : alors il n'y aura plus, selon l'expression du Christ, *qu'un seul troupeau et un seul pasteur*. C'est l'œuvre réservée à l'arbitre suprême des destinées humaines ; l'homme n'est que l'instrument de cette Providence, dont il ne peut ni changer ni arrêter les décrets impénétrables.

Les acteurs les plus illustres disparaissent de la scène du monde, et leur place y est bientôt effacée. Le doigt de Dieu dirige tout. *L'homme s'agite, mais Dieu le mène.*

§ 13.

TABLEAU DES SCIENCES JURIDIQUES.

Le domaine de la jurisprudence, tel que nous venons de l'indiquer, embrasse donc les branches suivantes :

Sciences principales.

1° Le *droit naturel* dans ses trois parties intégrantes: droit naturel privé, droit naturel public et droit naturel des gens;

2° Le droit privé positif général:

A. Code civil,

B. Procédure civile;

3° Le droit privé positif exceptionnel:

C. Code de commerce et des changes,

D. Code maritime;

4° Le droit public positif;

E. Droit constitutionnel,

F. Code pénal et Code de procédure criminelle;

5° Le droit des gens (Traités publics).

Sciences auxiliaires.

6° Le droit romain,

7° Lé droit canon,

8° La médecine légale (1).

(1) Comme complément de la procédure civile et criminelle. Certaines conditions physiques de notre existence établissent devant la loi des droits particuliers. Les droits de tutelle, de succession, d'hérédité, prennent naissance dans les rapports de descendance, de viabilité, de légitimité, etc., etc. La validité des actes civils dérive de l'aptitude à contracter. L'état anormal de l'organisme humain et de ses fonctions infirme cette aptitude, comme il atténue la culpabilité en matière criminelle. La nature et la gravité des lésions corporelles (infanticide, viol, suicide, assassinat) se déterminent d'après les indications de la médecine légale. Bien qu'en pareil cas le juge ne puisse s'en rapporter à son discernement seul, et qu'il soit tenu de recourir aux lumières des hommes de l'art, il n'en est pas moins vrai que, par la manière dont il dirige les recherches des experts et qu'il en contrôle les opérations, il exerce une influence directe sur la conscience du jury et sur le jugement du tribunal. On voit toujours plus clair par ses propres yeux, que par ceux des autres.

CHAPITRE DEUXIÈME.

POLITIQUE.

> On s'imagine généralement que les sciences politiques sont très faciles à comprendre. Personne ne les croit au-dessus de sa portée. On ne se gêne pas de raisonner sur les sciences politiques sans les avoir jamais apprises. Mais, qu'un vrai penseur se livre à leur étude, et il verra bientôt qu'il est plus aisé de connaître à fond les mathématiques que la politique. (RICHARD HEY. *Observations on the nature of civil liberty.*)

§ 14.

POLITIQUE INTÉRIEURE ET EXTÉRIEURE.

La justice, tout en garantissant la jouissance des droits, ne suffit pas pour assurer la prospérité de l'État. La sûreté publique et le bien-être général, quoique s'appuyant l'une sur l'autre, naissent d'élémens divers. Il ne suffit pas que les droits de chaque citoyen soient sous la tutelle des lois, placés à l'abri des violations éventuelles, il faut encore que les forces de l'État puisent dans l'unité de volonté et d'action cet élan spontané, cette efficacité énergique qui, en augmentant les jouissances et les commodités de la vie, multiplient les ressources publiques, développent la richesse nationale et constituent la prospérité universelle.

Nous l'avons déjà fait remarquer, il existe des liens étroits, non seulement entre l'État et ses propres citoyens, mais encore entre l'État et les autres nations, en raison de leurs rapports continuels. Ces rapports se multiplient à mesure que la civilisation se propage. L'*esprit d'association*, dit l'un des hommes d'état les plus considérés de notre époque (1), *est né de la civi-*

(1) *De la Civilisation au dix-neuvième siècle*. Discours prononcé le 14 mai 1843, par M. Martinez de la

lisation, et il l'aide à son tour. Il rapproche les hommes, il rapproche les classes, il rapproche aussi les nations. Il travaille constamment, même à son insu, à l'union des peuples et à la bonne intelligence entre les cabinets. Il s'oppose par une sorte d'instinct, à toute perturbation de l'ordre social.

Or, de même que dans toute la création, la constitution intérieure des êtres organiques se révèle par les signes de leur vie extérieure, la prospérité intérieure d'un état se mesure aussi sur l'influence et la vigueur que son gouvernement déploie au dehors. En outre, la politique ayant pour but d'assurer aux citoyens la plus grande somme de prospérité possible, ses efforts doivent tendre non-seulement à ce que le bien-être règne à l'intérieur, mais encore à ce que rien ne vienne du dehors troubler cette prospérité.

D'après cette double fin, la politique se

Rosa, président de l'Institut historique de France, à la séance d'ouverture du neuvième congrès.

divise en politique *intérieure* et *extérieure*. Cette dernière, dans un sens plus spécial, que nous définirons plus loin, se désigne le plus souvent sous la dénomination de *diplomatie*.

§ 15.

POLITIQUE NATURELLE ET POSITIVE.

L'art de diriger toutes les forces de l'Etat vers le même but, de leur imprimer l'impulsion la plus utile, d'en faire l'emploi le plus salutaire, ne s'acquiert point par une vague expérience, et moins encore par une simple routine. La politique, comme toute autre science, a ses principes certains et stables, qui peuvent, à la vérité, être modifiés dans leur application, sans cependant pouvoir être altérés dans leur essence.

Pour surprendre à la nature le secret de la vie et de la santé, le médecin commence par disséquer le corps, et, le scalpel à la main, il explore les lois de la vitalité et de l'action de chaque organe. Et, bien que ces lois soient invariables comme le mécanisme élémentaire de l'homme, cependant les symptômes morbifiques se reproduisent sous tant de formes diverses, que dans son application le même remède subit presque autant de modifications qu'il y a de maladies. Il en est de même en politique : la justice et la sagesse, qui en sont les principes fondamentaux, reposent sur des maximes immuables, dictées par la raison, mais qui, dans la pratique, ont besoin d'être appropriées et adaptées aux variations des temps, à la diversité des lieux, à la multiplicité des intérêts et à tant d'autres circonstances.

La politique rationelle est, en quelque sorte, la formule mathématique servant à classer et à résoudre les problèmes de la société civile, suivant l'énoncé des faits et les événemens qui les accompagnent.

L'expérience qui prépare et assure le succès, exerce sans doute une grande influence en politique ; mais elle n'a d'autorité que lorsqu'elle s'appuie sur les préceptes de la nature, sans quoi, elle ressemble au navigateur s'aventurant sans compas sur les flots inconstans de la mer, et qui, au moindre souffle de la tempête, risque d'aller briser son navire contre des écueils ignorés. Le vrai politique est celui qui, également éloigné de l'idéologie abstraite et de l'empirisme matériel, cherche les règles de sa conduite dans les principes de la raison, sans cependant jamais négliger les conseils de l'expérience.

§ 16.

ÉCONOMIE POLITIQUE.

La prospérité commune résulte du bien-être individuel, c'est-à-dire des jouissances et des commodités de la vie particulière des citoyens. Par prospérité publique on entend, généralement parlant, la facilité de pouvoir, par le travail et l'industrie, suffire aux besoins de son existence et de celle de sa famille. Plus les moyens de subsister sont nombreux, plus le sort de l'homme laborieux est assuré. Autant l'homme réduit à la misère est impuissant à poursuivre son perfectionnement, autant les peuples dépourvus de richesses nationales sont éloignées de la prospérité réelle et durable. L'esclavage et le simple échange des produits du sol dénotent une nation inculte ; les usines, les fabriques, les manufactures, les canaux, les chemins de fer sont les signes infaillibles de la civilisation. L'indépendance, la force, la grandeur, l'influence politique sont attachées à la richesse des nations, tandis que l'abrutissement, l'ignorance, la dépravation, les crimes et l'asservissement ne sont trop souvent que les tristes conséquences de leur pauvreté.

§ 17.

POLITIQUE ADMINISTRATIVE.

Chaque citoyen est obligé de contribuer selon ses moyens à la réalisation du grand but social ; au gouvernement est imposée l'obligation de réunir ses forces individuelles, de les coordonner, de les diriger ; car ce n'est que de l'union d'élémens homogènes que naît la puissance, sans laquelle il n'y a pas de prospérité publique. Le gouvernement le plus habile échouera dans ses projets, s'il ne sait prévoir les obstacles qui peuvent arrêter sa marche. Il ne suffit pas de punir les délits et les crimes qui troublent l'ordre et la tranquillité de l'État, il faut encore savoir les prévenir. L'influence bienfaisante des élémens peut, à tout moment, dégénérer en un principe de destruction : l'eau, en inondant la plaine et en ravageant les champs ; le feu, en incendiant et dévorant les villes ; l'air, en se chargeant de miasmes pestilentiels. Ici, la licence et le vice détruisent la séve féconde des générations ; là, l'ignorance et la superstition abrutissent les plus nobles facultés de l'âme. Il faut savoir éloigner ces maux et tant d'autres qui affligent la société ; ou, s'il est impossible de les éviter, il faut du moins aviser aux moyens de les réparer. Telle est principalement la tâche de la *police* proprement dite, auxiliaire et compagne inséparable de l'administration : tandis que celle-ci poursuit le but social, la police lui en aplanit le chemin.

§ 18.

ADMINISTRATION DES FINANCES.

Pour maintenir l'ordre et la sûreté à l'intérieur de l'État, il faut des magistrats et des tribunaux ; pour répandre les lumières et propager la civilisation, on doit établir des écoles ; le commerce et l'industrie réclament des voies de communication commodes et rapides ; la sûreté extérieure exige d'un côté l'entretien d'armées permanentes et la construction de villes fortifiées, et de l'autre l'établissement d'ambassades.

Il est juste que tous ceux qui profitent de

ces institutions en supportent aussi le poids, et contribuent, dans la proportion de leur fortune, aux dépenses qu'elles nécessitent. Le gouvernement, concentrant en lui la volonté de tous les citoyens, est seul à même de déterminer, de répartir et de prélever d'une manière équitable les impôts nécessaires pour faire face aux charges de l'État.

§ 19.

DIVISION DE LA POLITIQUE INTÉRIEURE.

Ces préliminaires posés, nous diviserons la politique intérieure en quatre sections principales, savoir :

L'économie politique,

La politique dirigeante ou administrative,

La police,

Les finances.

§ 20.

L'ÉCONOMIE POLITIQUE COMPREND :

L'Industrie, le Commerce et la Population.

Les forces dont peut disposer le gouvernement sont de deux espèces : les forces physiques et les forces morales. Le territoire, les rivières qui le sillonnent, les lacs et les mers qui le baignent, les minéraux cachés dans les flancs de ses montagnes, les plantes et les forêts qui le couvrent, et en général tous les biens dont la nature l'a doté et embelli, font partie des forces physiques d'un peuple.

Le génie merveilleux de l'homme, en analysant la composition des productions naturelles, en étudiant leurs substances, en découvrant leurs affinités, en les associant dans mille combinaisons, en les transformant et les multipliant, a enfanté comme par enchantement une création artificielle. L'industrie et le commerce, bien que nés d'un principe égoïste, n'en sont pas moins la source d'une civilisation prompte et rapide. C'est le commerce et l'industrie qui poussent la charrue du laboureur, qui ouvrent des fabriques, établissent des marchés et envoient des flottes dans les parages les plus lointains. C'est du commerce et de l'industrie que naît la richesse, de la richesse la puissance, et de la puissance la liberté des peuples.

L'homme, par sa nature mixte, fait sous quelques rapports partie des forces physiques de l'État. Le nombre plus ou moins considérable de la population, son accroissement ou sa décroissance, contribuent essentiellement à la puissance matérielle du gouvernement. Plus un État compte de citoyens, plus il possède de bras pour se défendre et maintenir son indépendance contre les agressions de l'étranger. Le sentiment de la force soutient le courage et inspire la confiance ; d'ailleurs, au milieu du mouvement d'une population nombreuse, l'activité redouble, le caractère de la nation se fortifie, l'esprit public se fait jour; alors les partis grandissent et, en entraînant les masses dans la lutte, décident ces victoires qui remplissent la postérité d'admiration.

Cependant, l'homme, qui par ses facultés intellectuelles et morales se distingue de tous les objets créés, ne saurait jamais être confondu avec les autres forces matérielles de l'État. La noblesse de son origine et la prééminence de sa nature lui assignent une place à part. A toutes les époques du monde, l'intelligence a su maintenir sa prépondérance dans la société humaine. La civilisation grecque et romaine a résisté au choc impétueux de l'invasion des Barbares, et à travers tant de siècles elle brille d'un éclat toujours nouveau dans les chefs-d'œuvre de la littérature moderne. Mais que reste-t-il aujourd'hui des hordes innombrables qui ravagèrent l'empire des Césars ?

L'Europe est l'exemple le plus frappant de

l'influence politique qu'exerce la supériorité intellectuelle. Quoique la moindre des parties du globe, elle tient dans ses mains les destinées des deux hémisphères. Et en Europe même, ne sont-ce pas les peuples qui marchent en tête de la civilisation dont la voix pèse le plus dans les conseils de la diplomatie?

§ 21.

LA POLITIQUE ADMINISTRATIVE A POUR OBJET :

L'Hygiène publique, l'Éducation physique, intellectuelle, morale et religieuse.

Quelle que soit l'origine des sociétés civiles, qu'elles doivent leur établissement à Dieu, ou qu'un accord primitif entre les hommes isolés les ait fait naître, elles ont senti de bonne heure la nécessité d'instituer, pour les régir, un pouvoir suprême chargé de veiller sans cesse et au nom de tous, à la prospérité générale ; une administration permanente, destinée à agir sans délai suivant les éventualités. C'est pour cela que dans un sens figuré l'action de cette administration s'appelle *politique dirigeante.*

L'objet principal des soins de l'administration, c'est l'homme, à qui la Providence a réservé l'exercice exclusif de trois facultés dont le parfait assemblage forme la trinité symbolique du bonheur individuel et social : c'est la triple aptitude d'acquérir des biens matériels, d'enrichir l'intelligence de connaissances utiles et d'ennoblir le sentiment par des actions vertueuses. De la première naît la richesse, de la deuxième le progrès et de la troisième la gloire. Inhérente à la nature humaine, cette triple faculté ne peut être détruite ni par le temps ni par la mort; c'est un héritage divin qui se transmet d'une génération à l'autre, pour devenir le patrimoine impérissable des nations.

L'homme, considéré purement comme être

physique, procède dans le développement de ses forces d'après certaines lois naturelles, que l'on ne viole jamais impunément. Pour les connaître et les pratiquer, la politique s'adresse à l'*hygiène publique*, qui, remontant à l'origine de la vie humaine, en poursuit l'histoire à travers toutes les phases et toutes les époques des relations sociales. Elle pourvoit à la salubrité des habitations, du vêtement, de la nourriture; elle règle les jouissances et l'emploi des forces de l'homme; elle aide le gouvernement à déraciner le libertinage, à favoriser les mariages, à créer des maisons de maternité et des asiles pour les orphelins, à fonder des hôpitaux, des hospices et d'autres établissemens ayant pour but la propagation de la population et sa conservation dans l'état normal de santé; bref, l'hygiène publique est la providence tutélaire de la vie physique de l'homme.

L'existence n'est un bien que pour autant que l'homme marche dans la voie de la perfectibilité morale et physique que le créateur a tracée à chacun ici-bas, et dont les peuples, pas plus que les individus, ne peuvent s'écarter sans manquer à leur but suprême.

Les animaux trouvent dans leur instinct un guide certain; l'homme, au contraire, abandonné à lui-même descendrait bientôt au-dessous des brutes, si l'éducation, baptême de la civilisation, ne venait dissiper les ténèbres de son ignorance naturelle, et lui apprendre le merveilleux usage qu'il peut tirer de l'agilité de son corps, de la variété de ses organes, de l'adresse de ses mains et de la sagacité de son esprit.

L'éducation la plus brillante n'est qu'une fleur sans parfum, un fruit sans saveur, une lumière sans chaleur, si l'âme, foyer du sentiment, ne se sent entraînée vers ce qui est beau, noble et généreux. Hélas! le progrès intellectuel qui se développe aux dépens du sentiment moral ressemble à ces feux qui, nés des vapeurs corrompues des marais, n'éclairent celui qui les suit que pour le faire tomber dans un précipice.

Tant de crimes épouvantables dont les récits affreux retentissent aujourd'hui dans l'enceinte des tribunaux, la rage aveugle des factions, la lutte acharnée entre le prolétaire et le riche, le sang versé dans d'interminables guerres civiles, le régicide et d'autres fléaux qui désolent la société moderne, à quoi faut-il les attribuer, si ce n'est au manque d'éducation morale et religieuse?

Chez tous les peuples, sans distinction de race et de pays, on rencontre la croyance en un Dieu et l'idée de la soumission de la volonté humaine aux décrets d'un modérateur suprême. Ce sentiment religieux, sagement dirigé, supplée à l'insuffisance des lois, réprime les mauvaises passions, inspire la philantropie et le patriotisme, soutient l'autorité des gouvernans, maintient la bonne harmonie entre les citoyens et consolide la paix entre les nations. *Bayle*, dit l'auteur immortel de l'Esprit des Lois (1), *après avoir insulté toutes les religions, flétrit la religion chrétienne, et ose avancer que les véritables chrétiens ne formeraient pas un état qui pût subsister. Pourquoi non ? Ce seraient des citoyens infiniment éclairés sur leurs devoirs et qui auraient un très grand zèle pour les remplir, et sentiraient très bien les droits de la défense naturelle : plus ils croiraient devoir à la religion, plus ils penseraient devoir à la patrie. Les principes du christianisme, bien gravés dans le cœur, seraient infiniment plus forts que ce faux honneur des monarchies, ces vertus humaines des républiques et cette crainte servile des états despotiques.*

(1) Montesquieu, XXIV, vi, *autre Paradoxe de Bayle.*

§ 22.

POLICE POLITIQUE; POLICE MUNICIPALE.

La sûreté publique peut être compromise et troublée, non seulement par l'accomplissement réel, mais aussi par l'éventualité seule d'actions pernicieuses. La politique dirigeante, préoccupée d'employer les forces de l'État à la réalisation du but social, réserve à la police le soin d'écarter les obstacles directs ou indirects qui peuvent entraver la marche du gouvernement. Sentinelle attentive, la police veille constamment, comme l'Argus aux cent yeux, à la sûreté des citoyens, à la tranquillité des villes, à la salubrité publique, à l'approvisionnement des marchés, à la bonne qualité des denrées, en un mot, au maintien de l'ordre et au respect des lois. Suivant que la police a plus particulièrement pour objet la sûreté générale de la société ou celle des localités, elle prend la dénomination de *police politique* ou de *police mu-*

nicipale (édilité). Les abus dont la police se rend parfois coupable par l'exercice arbitraire de ses attributions, au détriment de la liberté individuelle, ont souvent fait douter de son opportunité; mais la possibilité et même la réalité de ces abus ne sauraient détruire ni la légitimité de son principe, ni l'utilité de son institution. Il n'y a rien dont l'homme n'ait abusé: s'ensuit-il qu'il faille abolir tout ce qu'il a dénaturé?

Les plaintes auxquelles la police a pu donner lieu, ne prouvent que la nécessité d'organiser son action de manière à ce qu'elle remplisse le but de son institution, sans restreindre la liberté et les droits politiques des citoyens au-delà de ce qu'exigent l'ordre et la sûreté publique.

§ 23.

ORIGINE DU SYSTÈME FINANCIER.

Qui veut la fin veut les moyens. Les hommes s'étant constitués en société, afin de se procurer la plus grande somme possible de bonheur et de bien-être commun, se sont tacitement engagés à y coopérer chacun dans la proportion de ses moyens. Dans l'enfance de la société, lorsque les mœurs étaient simples et les besoins de l'homme bornés, chaque citoyen consacrait tour à tour son travail à ses intérêts particuliers et à ceux de la communauté. Les prestations destinées à subvenir aux besoins de l'État, se faisaient en denrées ou en bétail ; l'argent monnayé étant inconnu, il n'y avait pas d'autre moyen d'échange. C'est ainsi qu'aux temps héroïques de la Grèce, l'armure de Diomède, à ce que rapporte l'auteur de l'*Iliade*, fut vendue pour neuf, et celle de Glacus pour cent bœufs.

La civilisation, resserrant les rapports mutuels entre les citoyens, multiplia les transactions de la vie privée. On sentit alors la nécessité d'un moyen d'échange plus prompt et plus commode, que l'on finit par découvrir dans l'emploi des métaux. Dès-lors, le fer, l'argent et l'or monnayés devinrent l'âme de toutes les opérations commerciales, et plus tard le titre de ces valeurs métalliques servit seul de règle dans l'estimation des contributions civiles. Aux forces physiques et morales de la société, on ajouta ainsi une valeur conventionnelle, contrôlée et garantie par l'Etat.

§ 24.

CONTRIBUTIONS DIRECTES ET INDIRECTES.

La valeur représentative de la propriété ayant changé de nature, l'assiette des recettes et des dépenses de l'Etat dut nécessairement être établie sur des bases nouvelles. Les prestations en nature furent remplacées par des contributions en numéraire, prélevées soit d'une manière uniforme et permanente sur les revenus nets de la propriété foncière, et du travail (droits de patente), soit d'une manière accidentelle sur la consommation des produits de première nécessité (droits d'accise) et des produits industriels (droits de douane). Les unes s'appellent *contributions directes*, les autres *contributions indirectes*.

§ 25.

DOMAINES DE L'ÉTAT.

Lorsque les peuples du Nord, poussés par les hordes d'Attila, furent obligés d'aller, les armes à la main, chercher une nouvelle patrie dans les contrées méridionales de l'Europe, ils partagèrent presque toujours le pays conquis en deux parties; l'une, destinée au roi vainqueur et à ses barons, l'autre laissée à la nation vaincue. La quotité réservée au souverain, formait les *domaines de la couronne*, dont les revenus lui servaient à pourvoir entièrement aux besoins de la cour et de l'État. Cet ordre de choses dura jusqu'au quinzième siècle. Les besoins du gouvernement augmentèrent avec la population et la prospérité publique, surtout par suite de l'établissement des armées permanentes et de l'affranchissement du tiers-état du joug féodal.

Les domaines ne suffisant plus aux dépenses toujours croissantes, on fut forcé de s'adresser aux États-Généraux pour obtenir des subsides temporaires, qui furent plus tard convertis en impôts fixes et permanens. La bourgeoisie qui s'était frayé par son courage, son énergie et ses richesses, fruits de son travail, le chemin aux États-Généraux, obtint après mille combats, le privilége de voter les dépenses publiques, privilége qu'elle possède encore aujourd'hui dans tous les états constitutionnels, où, depuis l'établissement d'une Liste Civile, destinée à subvenir aux dépenses nécessaires pour maintenir la splendeur et la dignité de la couronne, les domaines publics furent divisés en deux catégories : *domaines de la couronne, et domaines de l'État*; les premiers sont affectés à la Liste Civile; les autres au budget de l'État.

§ 26.

DROITS RÉGALIENS.

Les rois conquérans du moyen âge, en créant des fiefs en faveur de leurs vassaux, s'étaient réservé, comme signe de leur pouvoir suzerain, l'exercice et les revenus de certaines prérogatives, qui, rentrant plus particulièrement dans les attributions du pouvoir royal, s'appelaient *régales* ou *droits régaliens*. Tel était le droit de battre monnaie, d'exploiter les mines, d'établir les gabelles, de percevoir les péages, etc., etc. L'abolition du régime féodal fit disparaître bon nombre de droits régaliens, incompatibles avec les principes économiques et les idées politiques de notre époque. Néanmoins il y a des prérogatives trop inhérentes à la souveraineté de l'État, pour qu'elles puissent être abandonnées à l'exploitation privée : ce sont celles qui intéressent l'ordre et la sûreté publique, ou qui favorisent la réciprocité des relations tant intérieures qu'extérieures du pays. C'est ainsi que la faculté de battre monnaie, de fabriquer la poudre, de transporter les lettres et les dépêches ne sauraient, sans les plus grands inconvéniens, tomber dans les mains de l'industrie particulière.

Sous le rapport financier, les droits régaliens appartiennent à la catégorie des contributions indirectes. Moins il y a de contributions, moins leur assiette est élevée, plus on peut en inférer en faveur de l'esprit et de l'habileté de l'administration publique.

§ 27.

EMPRUNTS.

Lorsque les ressources ordinaires et extraordinaires ne suffisent pas pour faire face aux besoins de l'État, ou bien que, par motifs de prudence, le gouvernement veut éviter d'augmenter les charges des contribuables, force est de recourir *aux emprunts*. Pour emprunter, il faut avoir du crédit, dont les premières conditions sont l'ordre et l'économie.

L'économie, placée entre l'avarice et la dilapidation, conseille au gouvernement d'établir une différence entre les dépenses *nécessaires et urgentes* et les dépenses *purement utiles*. Les premières comprennent toutes les dépenses indispensables pour arriver à la réalisation du but suprême de la vie civile. Dès que le gouvernement a réussi à en faire comprendre la nécessité aux citoyens, il peut s'adresser avec confiance au patriotisme de la nation ; les moyens d'y pourvoir ne lui feront jamais défaut.

§ 28.

BUDGET.

De même que l'homme qui aime l'ordre, ne prélève les dépenses de ses plaisirs et de son agrément que sur le surplus net de ses revenus, déduction faite des frais de son entretien, une administration prévoyante ne règle ses dépenses, *purement utiles,* que d'après l'excédant éventuel des recettes publiques sur les *dépenses nécessaires* de l'État. Il est beau, il est digne d'une grande nation de fonder des musées, des bibliothèques, d'élever des monumens, des arcs-de-triomphe, des palais somptueux, de créer des académies des beaux-arts, des conservatoires de musique, des théâtres. Ce sont autant de moyens de former le goût, de cultiver le sentiment esthétique et de polir les mœurs du peuple par des délassemens spirituels qui, en charmant les sens, nourrissent l'intelligence. Mais si, à côté de tout cela, des milliers de communes restent dépourvues d'églises, de pasteurs, d'écoles primaires, si le pays manque de voies de communication commodes et rapides, si le paupérisme étale ses plaies hideuses, au milieu des merveilles de l'architecture et de l'art plastique, ce ne sont plus que des objets de luxe, qu'il faut ajourner à une époque où la prospérité de la nation, et la situation des finances publiques puissent en supporter la dépense sans nuire, à d'autres intérêts plus urgens.

L'art d'équilibrer dans une sage et juste proportion les recettes avec les dépenses publiques, est considéré avec raison, comme la pierre de touche d'un gouvernement, dont l'habileté et la prévoyance se révèlent entièrement dans son *budget*. Ce terme de budget, emprunté au langage parlementaire anglais, signifie compte-rendu de l'état des finances, ou bilan des recettes et des dépenses publiques. Indépendamment de son caractère financier, le budget offre un intérêt hautement politique. Un gouvernement dont le système financier est bien assis, déploiera toujours plus d'énergie que celui dont les finances sont dérangées.

Le crédit sert d'horoscope certain pour juger la vie politique intérieure et extérieure d'une nation. Si son crédit est assuré et solide, elle portera dans la balance de l'équilibre de l'Europe, beaucoup plus de poids qu'un autre État, comparativement plus considérable en étendue et en population, mais dont l'existence et la puissance sont minées par le délabrement des finances, par des impôts trop lourds et par des dettes toujours croissantes. Du reste, les gouvernemens étrangers n'aiment pas à entretenir des rapports étroits et fréquens avec un pays mal administré, parce qu'ils les jugent plus nuisibles qu'utiles à leur intérêt; ils craignent d'être, tôt ou tard, compromis et enveloppés dans ses crises financières, et d'être ainsi atteints de son malaise contagieux.

§ 29.

POLITIQUE EXTÉRIEURE. — DIPLOMATIE.

La paix est, sans contredit, la plus belle conquête de notre siècle; c'est une conquête qui ne fait verser ni le sang du vainqueur, ni les larmes des vaincus, et qui, en fécondant le travail, répand partout l'abondance et la prospérité. C'est aux efforts persévérans et habiles de la diplomatie moderne, qu'il faut attribuer la conservation de la paix du monde. Suivant l'heureuse expression d'un publiciste distingué, la plume a remplacé aujourd'hui l'épée dans les rapports des nations entre elles; la discussion paisible a été substituée aux luttes à main armée, et l'intelligence a obtenu le dessus sur la force brutale.

Si malgré l'incontestable utilité de la diplomatie, quelques esprits superficiels conservent encore des préjugés contre elle, cela tient à ce qu'ils ne se rendent pas assez compte de sa nature ni de son but, et qu'ils confondent l'art diplomatique avec la ruse et la duplicité, dont quelques hommes d'état auxquels on pourrait répondre avec Voltaire : « *On vous devine encore mieux que vous ne savez feindre,* » ne se servent que pour cacher leur médiocrité. Un gouvernement qui possède le sentiment de sa force, dédaigne de pareils moyens, comme contraires aux saines maximes de la politique et nuisibles à l'harmonie entre les nations. « Les » affaires et ceux qui les font, disait le duc de » Nivernais, ne réussissent que par la confiance, » et la confiance ne s'accorde qu'à la droiture et » à l'honnêteté. » Cela est si vrai, que Talleyrand même, qui fut, après Richelieu, l'esprit le plus fin et le plus délié de la diplomatie française, a cru devoir rendre un hommage public à la vérité en prononçant, deux mois avant sa mort et dans une circonstance solennelle (1), ces paroles mémorables : « *Je dois le rappeler ici, pour détruire un préjugé assez généralement répandu : Non, la diplomatie n'est point une science de ruse et de duplicité. Si la bonne foi est nécessaire quelque part, c'est certainement dans les transactions politiques, car c'est elle qui les rend solides et durables. On a voulu confondre la réserve avec la ruse. La bonne foi n'autorise jamais la ruse, mais elle admet la réserve, et la réserve a cela de particulier, c'est qu'elle ajoute à la confiance.* »

§ 30.

DIFFÉRENCE ENTRE LA DIPLOMATIE ET LE DROIT DES GENS.

Autant la politique intérieure s'appuie sur la justice, autant la politique extérieure doit avoir constamment le droit des gens pour guide. De là vient, que très souvent la diplomatie et le droit des gens sont censés n'être qu'une

(1) Eloge du comte de Reinhart, prononcé par le prince de Talleyrand, dans la séance publique de l'Institut de France, le 3 mars 1838.

seule et même science. Ils diffèrent néanmoins entre eux sous le rapport du but : l'une poursuit la prospérité, l'autre la sûreté extérieure de l'État; ils diffèrent par conséquent aussi dans l'emploi des moyens. Ce sont deux branches distinctes de la science gouvernementale, qui se complètent l'une l'autre sans se confondre.

Le principe suprême du droit des gens est purement *passif;* il consiste dans l'obligation imposée à chaque nation de s'abstenir de toute action illégale, qui pourrait compromettre la sûreté et l'indépendance des autres États.

Par contre, le principe suprême de la diplomatie est éminemment *actif,* la diplomatie ayant pour objet de faire réagir, autant que possible au profit du pays, le développement des rapports internationaux.

Les relations commerciales entre les États civilisés sont si fréquentes, les rapports entre ces États sont si nombreux, et leurs intérêts si étroitement liés, que l'on ne peut détacher une seule pierre de l'édifice politique de l'Europe sans en ébranler l'équilibre. Un coup de canon tiré sur les bords du Nil, retentit immédiatement sur ceux de la Seine et de la Tamise et menace la paix du monde. L'Amérique est forcée de suspendre son commerce le jour, où Napoléon déclare la guerre au pavillon britannique.

Faut-il s'étonner après cela, si la diplomatie a, de tout temps, joué un rôle si important? Non seulement la direction des affaires extérieures de l'État repose sur elle, puisque la force ou la faiblesse d'un gouvernement dépendent essentiellement de l'influence qu'il exerce au dehors, mais la constitution, l'administration, l'esprit public reçoivent aussi leur impulsion des graves intérêts qui s'agitent et des événemens qui se préparent dans le vaste champ de la diplomatie.

Par la nature de son principe, la diplomatie doit être placée au premier rang des sciences pratiques, bien qu'aucune d'elles n'exige des connaissances théoriques plus variées et plus étendues. La diplomatie a deux parties distinctes, *la science* et *l'art*. Celui-là seul, qui possède l'une et l'autre peut prétendre au titre de diplomate.

La diplomatie, considérée comme art, ne se laisse pas apprendre ; elle exige une aptitude et des dispositions spéciales, un exercice de longue durée, et surtout des circonstances favorables pour faire valoir le talent.

Il n'y a pas d'art sans théorie. Le compositeur de musique, puisant dans sa verve naturelle les mélodies qui nous ravissent, ne s'abandonne ni au caprice, ni à la fantaisie, mais il assujétit son inspiration aux lois de l'harmonie et du contrepoint. Il en est de même de la diplomatie. Un négociateur habile ne se livre jamais à la merci du hasard; il cherche à prévoir les événemens pour les diriger au lieu d'en recevoir l'impulsion. Pour réussir, il faut se préparer par de longues et sérieuses études à cette carrière épineuse, où la perspicacité et l'expérience la plus consommée sont si souvent mises en défaut par la force des événemens : il faut savoir contempler les intérêts politiques du point culminant de la philosophie, et, en les considérant dans leurs causes et leurs effets, apprécier le passé, comprendre les besoins et les nécessités du présent, et lire autant que possible dans l'avenir.

L'étalage pompeux des titres et honneurs, est aussi impuissant aujourd'hui à cacher la nullité du négociateur, que la simple routine est insuffisante pour établir le crédit et la considération du diplomate.

§ 31.

SCIENCES AUXILIAIRES.

Toutes les idées dont le monde scientifique s'est successivement enrichi, partent du même foyer de l'intelligence, la raison pure. Jaillies de la même source, elles se lient, s'embranchent, s'enchaînent et reproduisent dans l'ordre moral les innombrables affinités que l'on admire dans l'ordre physique.

La jurisprudence et la politique, concourant simultanément au but suprême de l'État, réclament, chacune dans leur sphère particulière, l'appui d'autres sciences avec lesquelles elles ont de nombreux points de contact.

§ 32.

STATISTIQUE.

Au nombre des sciences auxiliaires de la politique, figure en premier lieu la *Statistique.* Pour bien gouverner un pays, il est indispensable de le connaître. Les blessures dont saignent tant de peuples, les débris épars de tant de sceptres et de couronnes, que sont-ils, sinon des avertissemens pour l'homme d'État, d'étudier sérieusement l'esprit et les tendances de son époque. Bien que le but absolu de chaque État soit le même en principe, les moyens dont les gouvernemens se servent pour l'atteindre sont différens. Une nation mercantile cherche sa prospérité dans le développement de l'industrie et du commerce ; un peuple guerrier fonde sa puissance sur la gloire ; un peuple artiste poursuit son bonheur dans la culture des arts et des sciences.

Pour imprimer aux forces de l'État la direction qui s'approprie le mieux au caractère particulier de la nation, à ses intérêts, à ses besoins, le gouvernement doit consulter la *statistique spéciale* du pays. C'est elle qui lui indique les maladies sociales, les réformes à introduire, les lacunes à remplir dans les institutions, les maux à soulager, les moyens dont il dispose pour réaliser ses projets, la diversité des situations et des circonstances qui en varient et modifient l'application. La statistique des autres États, *statistique générale*, n'est pas moins utile à connaître ; elle montre le pivot sur lequel tourne l'équilibre politique de l'Europe ; elle explique le principe des alliances, la puissance relative de chaque nation et les causes qui la produisent; elle retrace les systèmes adoptés par les gouvernemens divers, en fait ressortir le mérite et les défauts; en un mot, c'est le baromètre politique des États, car elle marque, à chaque instant, sur l'échelle du temps, le degré précis de grandeur et de puissance des nations. Aussi Schlözer, publiciste allemand très estimé, disait, *que l'histoire n'était qu'une statistique, qui marche continuellement, et la statistique une histoire, qui s'arrête pour contempler autour d'elle.* En effet, ce qui distingue essentiellement l'une de l'autre, c'est que l'histoire suit le cours des événemens, tandis que la statistique concentre toute son attention sur le présent.

L'histoire, *magistra temporum*, comme l'appelait le Prince des orateurs romains, ouvrant le grand livre de la vie à la sagacité des gouvernans, doit constamment éclairer la marche de la politique. Mais l'étude de l'histoire appartenant, d'après le système suivi en France, à l'enseignement classique proprement dit, nous ne mentionnons ici que pour mémoire, la corrélation étroite qui existe entre l'histoire et les sciences politiques.

§ 33.

ARITHMÉTIQUE POLITIQUE.

C'est au sénat de Venise qu'appartient le mérite d'avoir compris le premier, l'importance politique de la statistique. Depuis 1268, il avait chargé ses ambassadeurs de lui transmettre régulièrement des rapports détaillés sur la situation politique, la puissance, le commerce, les finances des états étrangers près desquels ils étaient accrédités. C'est d'après ces documens, conservés aux archives de la République, que François Sansovino publia, en 1567, un tableau statistique comparatif des vingt-deux états d'Europe. C'est le premier ouvrage statistique que l'on connaisse. L'exemple de François Sansovino fut imité en

France par le chambellan Pierre d'Avity. Son livre ayant pour titre : *Les états, les empires et les principautés du monde, représentés par la description des pays, mœurs des habitans, richesses des provinces, les forces, le gouvernement, etc., etc.* (*Paris*, 1622), obtint l'honneur d'être traduit dans presque toutes les langues modernes. Nous avons cru devoir rapporter ce fait, pour rectifier l'erreur assez généralement répandue, que la statistique est une science nouvelle, récemment importée en France, tandis qu'elle doit sa naissance aux efforts réunis de publicistes italiens et français.

Cependant la création d'un bureau statistique dans l'administration de France ne date que de 1801, sous le ministère éclairé du célèbre Chaptal. Jusque là, l'*arithmétique politique*, inventée en Angleterre dans la deuxième moitié du dix-septième siècle, avait complètement effacé la statistique. A défaut de données précises pour établir les forces d'un État, on eut recours au *calcul des probabilités*. En comparant et combinant la durée moyenne de la vie de l'homme avec le nombre des naissances et des décès pendant un certain espace de temps, on arrive à évaluer d'une manière approximative, la population d'un état. Ce résultat mène à la connaissance de sa consommation, de laquelle se déduisent ensuite une foule d'autres faits relatifs à l'économie politique.

L'arithmétique politique est d'une grande utilité, non-seulement pour suppléer au défaut de renseignemens statistiques nécessaires, mais encore pour contrôler jusqu'à un certain point, l'exactitude des tableaux officiels publiés par le gouvernement. Faute d'une instruction spéciale préparatoire, les employés, chargés de ce travail, n'ont pas toujours les lumières et la capacité requises pour bien apprécier et classer les matières, qui sont du ressort de la statistique.

§ 34.

COMPTABILITÉ D'ETAT.

Pour maintenir l'ordre et la clarté dans les opérations du commerce, on a introduit la tenue des livres à partie double. Par ce moyen un négociant est à même de relever d'un coup d'œil, la situation de ses affaires. Dans la vie publique, si féconde en événemens imprévus, il arrive plus d'une fois à l'homme d'État, d'avoir besoin de se rendre instantanément compte des moyens, dont il peut disposer, pour parer aux nécessités du moment. Ce n'est qu'après avoir consulté ses propres forces, qu'un gouvernement est à même de suivre avec fermeté la ligne de conduite qu'il s'est tracée. A cet effet, il est indispensable d'établir dans les opérations financières de l'État, l'ordre et la régularité qui président à la comptabilité commerciale. Ceci est d'une nécessité absolue dans les états constitutionnels, où le

Gouvernement est tenu de justifier devant les représentans de la nation de l'emploi des deniers publics.

La comptabilité d'État évalue et constate le chiffre précis des revenus et des dépenses publiques ; elle indique le montant des ressources disponibles ; elle veille à ce que chaque dépense soit affectée au service indiqué ; elle vérifie les comptes de toutes les branches de l'administration. Une comptabilité bien organisée doit être en mesure de fournir au Gouvernement, jour par jour, heure par heure, l'état exact de la situation financière du pays.

§ 35.

ÉLOQUENCE PARLEMENTAIRE.

La vie constitutionnelle, en étendant la sphère de l'action commune des citoyens, élargit l'horison de la pensée. Les institutions libérales enfantent, en se développant, de nouvelles idées auxquelles il faut donner une forme. De cette manière, chaque pas du progrès social enrichit et perfectionne le vocabulaire de la science gouvernementale.

Si les belles-lettres ont contribué à l'élégance et à la pureté du style, la liberté de la presse et la publicité des débats judiciaires et parlementaires ont produit la clarté et la précision des lois, la vigueur et la solidité des écrivains politiques et l'éloquence mâle et sublime des orateurs parlementaires.

C'est sous l'égide de la liberté que Locke, Robertson, Gibbon, Adam Smith, Say, Bignon, Cousin, Mignet, Guizot, Thiers donnant un libre essor à la fécondité de leur imagination, ont produit des œuvres immortelles ; c'est dans l'arène parlementaire que Pitt, Fox, Sheridan, Canning, Brougham, Robert Peel, Mirabeau, Sieyès, Royer-Collard, Benjamin Constant, Chateaubriand, Casimir Périer, Guizot, Lamartine déployant toute la verve de leur esprit et la richesse de leur talent, ont cueilli tant de palmes et de couronnes.

Il est des hommes, qui, possédant une certaine facilité d'élocution dans la vie privée, s'abusent au point de croire qu'ils peuvent courageusement aborder la tribune parlementaire, comme si l'éloquence sortait de l'urne électorale, telle que Minerve de la tête de Jupiter. La maxime d'Horace : *Poeta nascitur, orator fit*, n'est nulle part plus vraie que dans les gouvernemens représentatifs où, pour occuper une place distinguée dans l'assemblée nationale, le talent oratoire le plus brillant a besoin d'être rehaussé par une éducation achevée et soutenue par une expérience consommée. Le génie même puise dans l'expérience une force nouvelle, comme le chêne dont la cime s'élève plus robuste et plus majestueuse, à mesure que les racines deviennent plus profondes.

Tout orateur a pour but d'inspirer ses convictions à ses auditeurs, afin de soumettre leur volonté à la sienne, et d'en subordonner l'action à son propre sentiment. Il faut pour cela non seulement qu'il soit bien pénétré du sujet qu'il traite, mais encore qu'il sache sonder les replis les plus cachés du cœur humain et en faire vibrer la corde, qui réponde le mieux à la situation du moment.

En parlant ou en écrivant, la pensée se revêt de trois sortes de formes : *la prose*, *la poésie* et *l'éloquence*. La première se borne à représenter simplement l'idée pour réagir sur le jugement par l'intelligence; la deuxième ornant ses conceptions de tous les trésors de l'imagination, les embellit et les anime, afin d'impressionner l'ame et d'en exciter les facultés sensitives; la troisième enfin, prenant pour point de mire les affections, les tendances et les passions de l'homme, provoquant ses désirs, aiguillonnant sa volonté, cherche à déterminer son action en faveur du but proposé. Le prosateur, le poète et l'orateur sont donc nécessairement circonscrits chacun dans sa sphère : si l'un empiète sur le terrain de l'autre, ils ne peuvent que fausser de route.

Remarquons d'abord, quant à l'éloquence

parlementaire, qu'aujourd'hui les orateurs politiques n'ont plus à haranguer, comme dans les assemblées populaires de Rome et d'Athènes, des masses remuantes et incultes dont la turbulence étouffait si souvent la vérité et violentait la justice. De nos jours, il ne s'agit plus d'arracher par l'éloquence fougueuse des tribuns un vote irréfléchi aux comices. Dans les états constitutionnels modernes, l'orateur parlementaire, tout en faisant retentir sa voix dans le pays par les mille organes de la publicité, ne s'adresse directement qu'à ses égaux, aux représentans de la nation, choisis comme lui parmi l'élite de la société civile, et qui se laissent moins séduire par le prestige de l'art, par la beauté et l'élégance de la forme, que par la solidité des argumens ; c'est par la force de la logique qu'il faut les convaincre, les entraîner. Sous ce dernier rapport, les orateurs parlementaires de la Grande-Bretagne ont une supériorité incontestable sur ceux des autres gouvernemens représentatifs. Accoutumés à saisir toujours le côté pratique d'une question, et craignant d'étouffer la pensée sous les fleurs d'une rhétorique trop recherchée, ils la dépouillent au contraire de tout ornement qui pourrait nuire à la clarté, afin de la développer plus librement et d'en faire sortir l'évidence, de manière, à ce que ni l'esprit de parti, ni la passion ne puissent plus l'infirmer.

Cet esprit pratique des hommes d'État anglais rend la discussion plus efficace et plus rapide, et ce n'est pas sans raison que nos voisins d'Outre-Manche prétendent que, si les chambres françaises causent beaucoup, le parlement britannique agit davantage. Ce que le système anglais a d'utile encore, c'est de rectifier les idées abstraites par la réalité des faits, de corriger les aberrations de la pensée par le résultat des événemens, de réduire les principes absolus aux proportions de la possibilité relative des circonstances, et de convaincre par là tous les partis de la nécessité d'un gouvernement fort et respecté. Quelle que soit la distance qui sépare les Wighs des Torys, dès que la démagogie menace de faire irruption dans le parlement ou parmi les classes populaires, les deux partis se rallient à l'instant. Au plus fort du combat, l'opposition reste fidèle au sentiment gouvernemental et appuie loyalement toutes les mesures proposées par l'administration, lorsqu'elles ont pour objet la puissance, l'honneur et la dignité de la nation. Si l'on veut obtenir en France cette abnégation salutaire des partis, il faut commencer par donner aux débats parlementaires une tournure plus pratique et réformer le penchant de nos orateurs, qui visent plus à l'effet scénique qu'à faire passer leurs convictions d'une manière profonde et durable dans l'esprit des auditeurs.

§ 36.

TABLEAU COMPLET DES SCIENCES LÉGALES ET POLITIQUES.

En parcourant jusqu'ici le domaine de la science gouvernementale, nous avons essayé de retracer la nature et les rapports de chacune des branches, qui s'y rattachent. Pour plus de clarté, nous résumerons dans un tableau synoptique toutes les matières, qui, selon notre système, appartiennent à l'enseignement des facultés de droit.

JURISPRUDENCE.

Sciences principales.

1° Droit naturel sous le triple rapport de la vie privée, publique et internationale;

2° Code civil;

3° Procédure civile, y compris le notariat (1);

(1) Le notariat n'ayant d'autre but que de faciliter la

4° Code pénal;

5° Procédure criminelle;

6° Code de commerce, de change et de navigation;

7° Droit constitutionnel;

8° Droit des gens.

Sciences auxiliaires.

9° Droit romain;

10° Droit canon;

11° Histoire du droit;

12° Législation comparée;

13° Médecine légale.

POLITIQUE.

Sciences principales.

14° Politique naturelle;

15° Lois politico-administratives;

16° Economie politique;

preuve judiciaire, en donnant aux contrats un caractère public, doit être considéré comme une fraction de la procédure civile.

17° Finances ;

18° Diplomatie.

Sciences auxiliaires.

19° Statistique ;

20° Arithmétique politique ;

21° Comptabilité d'État ;

22° Eloquence parlementaire.

§ 37.

MISSION ET BUT DES ÉCOLES DE DROIT.

Au premier coup d'œil, on trouvera peut-être, que le plan d'études que nous proposons, impose, par la multiplicité de ses matières, aux jeunes candidats une tâche au-dessus de leurs forces. Si, autrefois, que les hommes de talent n'étaient pas plus rares que de nos jours, l'étude du droit romain seul absorbait une partie de la vie, comment exiger que des jeunes gens soient versés dans toutes les sciences si étendues et si compliquées, que vous venez d'énumérer? Ne serait-ce pas ici le cas de dire :

Qui trop embrasse mal étreint?

Ce reproche serait certainement fondé, si nous pensions, avec d'autres écrivains, qu'une faculté de droit eût à former des juriconsultes profonds, des fonctionnaires consommés, aptes, en quittant les bancs de l'école, à plaider avec succès une cause, à remplir avec honneur les fonctions de la magistrature ou de l'adminis tration et à négocier des traités publics.

On ne crée pas de pépinières pour faire porter aux arbrisseaux des fruits prématurés et acerbes ; on n'y élève les jeunes plantes qu'afin que, dans la plénitude de leur séve, elles produisent un jour des fruits savoureux et doux. De la même manière, une faculté de droit soigne et cultive les dispositions des élèves pour en constater la vocation et mûrir le talent. En les initiant aux dogmes de la jurisprudence et de la politique, elle tend moins à achever leur éducation qu'à leur apprendre comment, par le travail et l'assiduité, on arrive à vaincre les difficultés de la science.

C'est absolument méconnaître la mission d'une faculté de droit, que de lui demander des savans, ou, ce qui pis est, des médiocrités présomptueuses, qui, n'ayant pas même digéré les rudimens de la science, tranchent avec un imperturbable sang-froid les questions les plus ardues de l'art de gouverner, et se croient capables de diriger les destinées des empires. Nous voudrions, au contraire, que l'étude du droit apprît à tous ceux qui s'y adonnent, à prendre pour maxime cette belle pensée de Sénèque : *Hoc quidem scio me nihil scire.*

L'aptitude réelle d'un fonctionnaire public est le résultat de l'étude unie à l'expérience. Durant le court passage à l'école, on ne fait qu'effleurer la science ; pour l'approfondir, la vie suffit à peine. Quant à l'expérience, chacun de nous est condamné par la nature à l'acquérir au prix d'illusions ravies, d'espérances déçues, de labeurs soutenus et de longues années d'observation et de persévérance.

Tout ce que l'on peut raisonnablement exiger d'un licencié en droit, c'est qu'il soit capable d'achever progressivement son éducation, en mariant les théories de l'école aux règles de la pratique. La carrière publique n'est d'ailleurs qu'une longue école, où les hommes d'État les plus versés trouvent toujours à apprendre, à moins que leurs idées n'aient été stéréotypées par le temps, et alors leur immobilité vient, un peu plus tôt ou un peu plus tard, se briser contre la marche du progrès, et leur gloire éphémère s'efface du moment qu'ils sont forcés d'abandonner le pouvoir.

§ 38.

CATÉGORIES D'ÉTUDES.

L'importance des fonctions publiques varie selon l'influence qu'elles exercent sur la réalisation du but suprême de l'État. Plus l'emploi auquel l'on aspire est élevé, plus le cercle des études préparatoires sera étendu.

Ceci étant admis, l'instruction de la jeunesse des écoles de droit, tout en reposant sur une base uniforme, doit être plus spécialement adaptée à la destination future de chaque candidat.

En raison des principales attributions de la jurisprudence et de la politique, l'enseignement des facultés de droit peut être divisé en cinq catégories d'études :

1° Pour l'avocat, l'avoué et le notaire ;

2° Pour le juge ;

3° Pour le fonctionnaire administratif ;

4° Pour le fonctionnaire financier ;

5° Pour le diplomate.

§ 39.

MÉTHODE D'ENSEIGNEMENT.

Les Universités allemandes laissent au choix des étudians les cours que ceux-ci jugent à propos de suivre, et ne leur fixent aucune époque pour l'achèvement de leurs études.

Cette latitude, qui se rattache aux priviléges et immunités dont jouissent depuis des siècles les universités d'outre-Rhin, entraîne à de graves inconvéniens. Si, comme nous l'avons dit autre part, l'éducation des futurs fonctionnaires appartient à l'Etat, celui-ci doit avoir à cœur de diriger les élèves à travers le dédale tortueux de la jurisprudence et de la politique. Le temps est un bien trop précieux, pour être gaspillé en tâtonnemens et perdu en incertitudes, dont le moindre danger serait de produire la lassitude et le découragement. Un gouvernement prévoyant est pressé de faire éclore à la lumière vivifiante de la science, les dispositions merveilleuses dont Dieu a doué la jeunesse, cet âge heureux où la conception est prompte, la mémoire fidèle, l'imagination vive et le travail facile. Les facultés intellectuelles rendent alors avec usure les soins qu'on leur consacre.

D'ailleurs, l'entraînement des plaisirs, les habitudes d'oisiveté et de dissipation séduisent plus facilement la jeunesse, si aucun conseil ami, aucun guide éclairé, aucune autorité respectée ne s'attache à ses pas pour l'avertir et la retenir lorsqu'elle s'égare.

Là où les objets peuvent être soumis à l'intuition des sens, le système analytique qui, depuis Bacon, a tant contribué au perfectionnement des sciences naturelles, est très recommandable; mais dans les sciences abstraites, le système synthétique mérite la préférence, par la raison, qu'embrassant du point culminant toutes les parties intégrantes d'une science à la fois, il en facilite la perception et offre ainsi une notable économie de temps, avantage qu'en matière d'instruction publique on ne saurait jamais assez apprécier.

§ 40.

ÉTUDES OBLIGATOIRES; DROIT NATUREL.

Dans l'enseignement juridique on ne saurait débuter autrement que par le droit naturel, qui est la clé de voûte de toutes les sciences légales.

Quiconque aurait la présomption d'apprendre la jurisprudence, sans commencer par le droit naturel, ressemblerait à celui qui, en voulant élever un édifice, commencerait par en suspendre la toiture. La multitude étonnante d'arrêts opposés les uns aux autres dans des causes identiques, et qui rendent les recueils de la jurisprudence française si volumineux et si compliqués, est due principalement au peu de cas que l'on fait en France du droit naturel, presque généralement exclu de l'enseignement des facultés légales. Dans le silence et dans l'ambiguité de la loi positive, juges et avocats sont trop peu habitués à recourir au souverain critérium de la loi naturelle, qui est toujours et partout la même, puisque Dieu l'a gravée avec les mêmes caractères dans les cœurs des hommes.

Le droit naturel est l'alpha et l'oméga de la jurisprudence, le fondement de la science gouvernementale ; c'est assez dire que l'étude en devient obligatoire, sans exception, pour tout individu qui fréquente l'École de Droit, qu'il veuille embrasser la carrière judiciaire ou politique. « La justice, dit un publiciste an-» glais (1) est la grande politique perpétuelle » de la société, et chaque dérogation notable à » ses principes, dans quelque circonstance » que ce soit, est fondée sur ce préjugé qu'il » n'existerait aucune politique au monde. »

§ 41.

DROIT CIVIL ET PROCÉDURE CIVILE ; DROIT PÉNAL, PROCÉDURE PÉNALE.

En vertu d'un principe général du droit positif, nul ne peut prétexter d'ignorer la loi : si donc le dernier citoyen est obligé de connaître les dispositions des codes, qui régissent son

(1) Œuvres de Burke, t. III, p. 207.

pays, pourquoi n'imposerait-on pas à quiconque aspire à un emploi public, l'obligation de suivre les cours du Code civil, de la Procédure civile, du Code pénal et de la Procédure criminelle ? Dans un gouvernement bien organisé, les fonctionnaires publics sont tenus de donner l'exemple du respect et de l'obéissance aux lois ; car, pour bien commander, il faut avant tout savoir bien obéir.

Nous n'avons pas besoin de dire, que le juge et l'avocat doivent connaître à fond la législation de leur pays. Appelés, l'un à tenir dans ses mains la balance de la justice, l'autre à défendre la vie, l'honneur et la fortune de ses cliens, ne sont-ils pas responsables devant Dieu et les hommes des conséquences funestes de leur ignorance volontaire ?

§ 42.

CODE DE COMMERCE, DES CHANGES ET DE NAVIGATION, DROIT ROMAIN ET DROIT DES GENS ; HISTOIRE DU DROIT, LÉGISLATION COMPARÉE, MÉDECINE LÉGALE.

Quant au juge, ses études ne doivent pas se

borner au droit général civil et criminel seulement. Une connaissance étendue de toutes les branches de la législation lui est indispensable pour embrasser l'ensemble des droits, que le code général et les codes spéciaux accordent à tous et à chacun, et exprimer dans ses arrêts non seulement la lettre, mais aussi l'esprit des lois.

Ceci nous porte à demander que celui qui veut parcourir la carrière judiciaire, ne reste étranger à aucune partie essentielle de la jurisprudence, et qu'il s'adonne à l'étude du Code de commmerce, des changes et de navigation, du droit romain et canon, du droit des gens, de l'histoire du droit et de la législation comparée.

Sans devenir absolument obligatoire, la fréquentation du cours de médecine légale pourrait être conseillée aux étudians en droit, comme un titre d'avancement dans la magistrature.

Il y a des rapports si étroits entre la mission

du juge et celle de l'avocat, qu'au fond leur éducation n'aurait presque à différer en rien; seulement les garanties à donner à l'État par le juge sur sa capacité intellectuelle et sa probité morale, doivent être plus grandes que celles à fournir par l'avocat, dont le talent et la conduite se trouvent déjà sous le contrôle vigilant et continuel de ses cliens.

Par cette raison on pourrait, pour celui qui se destine simplement au barreau, retrancher le droit des gens, le droit canon, l'histoire du droit, et la législation comparée, du nombre des sciences obligatoires pour le juge. On les exigerait toutefois indistinctement de l'un et de l'autre pour obtenir le diplôme de docteur en droit. Que celui qui recherche cette distinction, considérée autrefois comme le suprême degré du savoir humain, soit mis en demeure de prouver qu'il la mérite. Ce n'est qu'ainsi que les grades académiques auront une signification ; plus il sera difficile de les obtenir, plus ils auront de prix et de valeur.

On est frappé de voir combien les conditions imposées à l'avoué pour constater son aptitude sont aujourd'hui faciles à remplir. Un certificat de capacité obtenu dans une faculté de droit, après avoir suivi une année le cours de Code civil et de procédure civile, et justifié du stage voulu par les réglemens, suffit pour la profession d'avoué. Rien, à notre avis, n'autorise à établir une différence dans l'enseignement entre l'avocat et l'avoué. Instruire un procès n'est pas seulement un acte matériel, que l'on apprend par une pratique plus ou moins longue des formes judiciaires, mais le résultat d'une appréciation mûre et profonde du point en litige et de ses accidens. C'est pour cela que la loi attache tant d'importance à la procédure, au point que, devant les tribunaux, le principe du droit reste toujours subordonné à la forme.

Le moindre vice dans la procédure peut entraîner la perte de la cause la plus juste. L'impéritie de l'avoué détruit d'un seul trait tout l'effet du talent et de l'éloquence de l'avocat. L'un et l'autre, dirigeant leurs efforts vers le même but, doivent, logiquement parlant, être imbus des mêmes principes, nourris des mêmes études et versés dans les mêmes connaissances. Il serait donc juste et convenable que les candidats qui choisissent la profession d'avoué, fussent obligés de fréquenter les mêmes cours et de subir les mêmes examens que les avocats.

La loi sur le notariat est plus imprévoyante encore; elle n'exige de l'aspirant aucun diplôme délivré par l'Université ; il suffit qu'il justifie d'un stage de quelques années dans une étude, et qu'il produise un certificat de capacité délivré par la chambre des notaires. S'il est un fonctionnaire à qui les principes du droit et la connaissance des lois soient indispensables, c'est sans contredit le notaire, appelé qu'il est à intervenir dans les actes les plus importans de la vie civile, et à servir de guide et de conseil aux parties contractantes. Nous sommes heureux d'apprendre (1) que le gouvernement songe à remplir cette lacune : un projet de loi préparé depuis long-temps, porte que le diplôme de licencié en droit sera nécessaire, pour exercer les fonctions de notaire dans les grandes villes, celui de bachelier pour exercer dans les villes de deuxième ordre, et un certificat de capacité pour les autres localités.

Il n'est pas, non plus, de motif plausible pour dispenser les *agréés* au tribunal de commerce de l'obligation de suivre un cours de droit, d'autant plus qu'ils cumulent à la fois le ministère de l'avoué et celui de l'avocat. En général, nul ne devrait être admis à remplir une fonction importante dans le sanctuaire de la justice, sans avoir appris à connaître cette chaîne éternelle, par laquelle les droits et les devoirs de tous les citoyens se rattachent in-

(1) Voyez l'ouvrage : *De l'Instruction publique*, par M. Émile de Girardin, p. 94.

séparablement les uns aux autres, et font de la justice l'intérêt permanent de tous les hommes et de toutes les sociétés.

§ 43.

POLITIQUE NATURELLE.

Dans les conditions de la vie civile autant que dans celles de la vie privée, le bien alterne partout avec le mal. Toute institution humaine, quelque utile et salutaire qu'elle soit, engendre des abus. La liberté de la presse a propagé, avancé la civilisation moderne; mais elle n'a pas moins servi, et elle sert encore quelquefois à répandre les doctrines les plus funestes, et à saper les fondemens de l'édifice social. Les lois répressives ne suffisent guère à en contenir et déraciner les égaremens ; tout ce qui ressemble à de la persécution excite les sympathies, la commisération, l'intérêt en faveur des persécutés : tel écrivain serait toujours resté ignoré, ou aurait végété dans une médiocrité obscure, si la rigueur des lois n'en eût fait, aux yeux des masses, un martyr de la liberté.

Contre les doctrines anti-sociales et anarchiques, il n'y a de remède efficace que la propagation des préceptes d'une politique saine et raisonnable. La Providence ne procède pas autrement dans l'économie du monde ; à côté de chaque poison, elle a soin de placer un contre-poison, afin d'équilibrer les forces de la nature et d'établir entre les élémens les plus contraires, cette harmonie variée qui forme, le pivot et le charme de la création.

La jeunesse, prompte à se passionner pour tout ce qui frappe son imagination, à se laisser séduire par des rêves d'ambition, résiste d'autant plus difficilement aux doctrines exaltées des Gracques modernes, que, par la lecture des classiques anciens dans les colléges, elle s'inspire de bonne heure aux idées républicaines de Rome et d'Athènes.

L'étude de la politique peut seule réduire à leur juste valeur, les aberrations et les utopies dans lesquelles se débat la démagogie moderne, qui promet l'âge d'or en s'adressant, hélas! aux plus basses passions du peuple, et en s'efforçant de produire ces catastrophes violentes, d'où surgit tôt ou tard le despotisme.

L'utilité générale de l'étude de la politique se révèle avec une double force dans les états constitutionnels, où chaque citoyen partage, en exerçant ses droits civils, la solidarité du pouvoir, et où, du haut de la tribune parlementaire, l'aréopage national juge en arbitre suprême les actes du gouvernement : c'est la politique qui, dans les dissensions intestines, dans les collisions d'ambitions rivales et dans les luttes des partis, sert de boussole à la conscience pour la guider dans la recherche de la vérité, au milieu de l'effervescence des esprits et de l'orage des passions populaires.

§ 44.

ÉTUDES SPÉCIALES POUR LE FONCTIONNAIRE POLITIQUE.

Chaque branche de l'administration publique ayant une sphère d'activité particulière, qui exige des études spéciales, il s'ensuit que l'aspirant aux emplois de l'Etat, après avoir acquis les connaissances générales du droit et de la politique, telles que nous venons de les indiquer dans les paragraphes précédens, ne saurait négliger aucune science ayant un rapport direct et immédiat avec ses fonctions futures. Nous voyons ce système, aussi logique que recommandable, adopté déjà dans les écoles de médecine. Celui qui embrasse l'art de guérir débute par fréquenter les cours qui résument les principes généraux et fondamentaux de l'état sain et morbide du corps humain. Ce n'est qu'après avoir été initié aux généralités de la médecine, que le chirurgien, l'oculiste, l'accoucheur, etc., s'appliquent à l'étude spéciale de la branche médicale, qu'il se propose de pratiquer plus tard.

Acquérir des notions précises et claires sur l'organisation fondamentale de l'État, avant de sonder les ressorts des institutions administratives, tel est l'ordre naturel à suivre dans l'éducation préparatoire des administrateurs publics. Partant, aux connaissances obligatoires que nous venons d'énumérer, l'administrateur ajoutera l'étude des lois politiques et administratives, de l'économie et de l'arithmétique politiques, de la statistique, de la médecine légale et de l'hygiène publique. La connexion intime qui existe entre ces diverses sciences, et l'appui qu'elles se prêtent mutuellement, justifient assez l'utilité et l'opportunité de les apprendre collectivement.

§ 15.

ÉTUDES SPÉCIALES POUR L'EMPLOYÉ FINANCIER.

L'administration politique et l'administration financière, bien qu'elles aient entre elles de nombreux points de contact, ont cependant des attributions distinctes, que l'enseignement supérieur des Facultés de Droit ne peut se dispenser de prendre en considération. Il y a sans doute des études qui seront communes aux candidats pour toutes les branches de l'administration, mais il en est d'autres, qui concernent plus spécialement la vocation et l'aptitude de l'employé du Trésor. Au nombre des premières, et indépendamment des sciences absolument obligatoires pour tous les fonctionnaires politiques, on compte l'*économie* et l'*arithmétique politiques*, plus la *statistique*, et parmi les secondes, la science des finances (appliquée aux diverses branches camérales: *douanes*, *contributions*, *domaines*, *budget*, etc.) et la *comptabilité d'état*.

A notre époque, où l'on se plaît à traduire la prospérité nationale en chiffres et à l'indiquer par le produit plus ou moins élevé des revenus publics, il importe plus que jamais de vouer à l'éducation des fonctionnaires financiers un soin tout particulier. Les anciennes traditions fiscales, toujours inclinées à sacrifier l'esprit à la lettre, ont besoin d'être corrigées par les salutaires doctrines de l'économie politique moderne, qui enseigne, qu'un gouvernement prévoyant doit se préoccuper davantage de la diminution des besoins de l'État, que des moyens d'en augmenter les revenus.

CHAPITRE TROISIÈME.

DIPLOMATIE (1).

> Jadis il ne s'agissait que d'intérêts matériels, d'un accroissement de territoire ou de commerce; maintenant on traite des intérêts moraux; les principes de l'ordre social ont leur part dans les dépêches; on mêle les doctrines aux affaires, et la civilisation croissante, devançant les lenteurs des cabinets, vient jeter son influence à travers la petite diplomatie qui, cinquante ans passés, suffisait à des peuples stationnaires.
>
> CHATEAUBRIAND, congrès de Vérone.

§ 46.

LA CARRIÈRE DIPLOMATIQUE EXIGE UNE APTITUDE PERSONNELLE JOINTE A DES CONNAISSANCES POSITIVES.

La diplomatie compte presque autant de détracteurs que d'apologistes. Cela provient sur-

(1) Bien que la diplomatie forme une des parties in-

tout de ce que le plus grand nombre de ceux qui y aspirent, la considèrent plutôt comme moyen que comme but. La vie indépendante du diplomate, les priviléges et les immunités dont il jouit, l'éclat avec lequel il représente son gouvernement, les honneurs qu'on lui prodigue, l'atmosphère radieuse où ses jours coulent au milieu des fêtes et des plaisirs, voilà de quoi fasciner l'imagination d'un jeune homme, tenter son ambition et lui représenter cette brillante carrière comme la plus favorable pour passer agréablement ses belles années, loin de la tutelle incommode de sa famille, et débarrassé de l'ennui que causent

tégrantes des sciences politiques, il nous paraît utile et opportun de lui consacrer ici un chapitre spécial. De toutes les branches de l'administration publique, le département des affaires étrangères est celui dont les aspirans sont censés pouvoir se passer le plus facilement d'une éducation préparatoire. Pour détruire cette erreur dangereuse, il fallait démontrer la haute importance des fonctions diplomatiques, et exposer en détail les nombreuses connaissances sur lesquelles se base l'art du négociateur.

les longues heures d'office employées dans les bureaux des ministères.

On se dit, un nom illustre, ou, à défaut d'un nom, un riche patrimoine, de belles manières, un extérieur distingué, de l'esprit autant qu'il en faut pour être un causeur agréable; de la souplesse pour plaire, sans manquer à sa propre dignité, de l'affabilité sans prétention, assez de finesse pour ne pas se laisser deviner par le premier venu, assez de discrétion pour savoir garder un secret, l'éducation d'un homme bien élevé, ornée de quelques talens d'agrément, que faut-il davantage pour devenir avec le temps le type d'un diplomate consommé? La diplomatie n'est-elle pas un art, qui ne s'acquiert que par la pratique, au milieu d'une prodigieuse multitude d'usages, des caractères et des mœurs des hommes, au milieu enfin de cette magnifique et utile variété de gouvernemens et d'institutions qui, réagissant sur les innombrables combinaisons des circonstances, nuance, modifie, presse et arrête la marche des affaires, et produit cette politique d'à-propos, où la pénétration, la présence d'esprit et la sagacité naturelles du négociateur sont si souvent mises à l'épreuve?

Certes, il y a des marins qui, par la pratique constante des mêmes manœuvres, deviennent presque aussi habiles à conduire un navire que celui qui a étudié à fond la science nautique. Mais placez ces deux navigateurs l'un à côté de l'autre au milieu d'une mer inconnue; supposez que l'aiguille aimantée éprouve par la force de l'attraction polaire, une déviation sensible; que de sombres nuages obscurcissent l'horizon et empêchent d'observer le cours des astres, vous verrez aussitôt se révéler l'insuffisance troublée, embarrassée de l'un, et la supériorité calme et sereine de l'autre.

Cette comparaison ne suffit-elle pas pour faire ressortir la distance immense qui sépare le simple routinier du vrai diplomate? Tant que les affaires restent dans l'ornière de la banalité, et qu'il ne s'agit que d'expédier la besogne journalière, quelques notions superficielles du droit des gens et des formes diplomatiques peuvent jusqu'à certain point suppléer au défaut d'une instruction solide. Mais qu'il faille, sur le sable mouvant de l'imprévu, aller droit au cœur d'une question épineuse; que le tourbillon des affaires jette le diplomate au milieu d'une de ces complications inextricables que les événemens extraordinaires font naître, qu'une rafale soudaine vienne renverser les combinaisons de sa prévoyance de chaque jour, oh! alors les lumières du simple bon sens s'éteindront bien vite, et la soi-disant politique d'inspiration, se débattra péniblement entre les transes du doute et les caprices du hasard.

La dignité et l'assurance diplomatiques ont leur point d'appui dans la profondeur des connaissances acquises par des études longues et sévères; témoins l'autorité et la gravité des ambassadeurs que l'on rencontre aux congrès de Munster et d'Osnabruck; après des siècles, leurs actes méritent encore d'être étudiés et consultés aujourd'hui, tant l'érudition s'y trouve habilement combinée avec la sagesse pratique. Par contre, depuis la paix de Nimègue jusqu'à celle de Hubertsbourg, les hommes d'état ont bien de la peine à cacher ce qu'il y a en eux de superficiel et de léger sous les gigantesques perruques frisées et poudrées dont on voit affublés les diplomates de cette époque-là.

§ 47.

L'APTITUDE PERSONNELLE EST UN DON DE LA NATURE.

On se trompe beaucoup si l'on croit que la multiplicité des événemens imprévus, et la mobilité des circonstances forment à jamais un obstacle, à ce que la diplomatie soit ramenée à des principes fixes et à l'unité scientifique. Cette erreur prend sa source dans la confusion que l'on fait généralement des sciences théoriques, dont la connaissance est nécessaire au diplomate, avec l'aptitude personnelle de ce dernier à parcourir la carrière qu'il embrasse. N'est pas diplomate qui veut : un sol aride reste toujours stérile, malgré les soins qu'on lui prodigue. Un peintre incapable de concevoir le beau idéal, eût-il Raphaël ou le Titien même pour maître, ne sera toujours qu'un artiste médiocre. La diplomatie, art difficile s'il y en a, suppose dans celui qui la choisit, l'assemblage heureux de qualités bien rarement réunies, que l'éducation peut développer et perfectionner, mais dont le germe est, avant tout, un don accordé par la nature.

Une grande présence d'esprit, une vive pénétration, une mémoire fidèle, un jugement prompt et sûr, une conversation facile, un air insinuant et affable, des manières nobles et aisées, l'instinct mystérieux du moment propice, de la circonspection et de la patience, le sentiment des bienséances, joint à un tact parfait, telles sont à peu près les dispositions naturelles, qui constituent l'*aptitude* réelle du diplomate.

§ 48.

SCIENCES POSITIVES DONT L'ÉTUDE EST INDISPENSABLE AU DIPLOMATE.

La vocation la plus prononcée a besoin d'être cultivée, car personne n'est né savant. La science est un arbre dont il faut avoir goûté les racines amères, avant d'en savourer les fruits.

Dans la diplomatie, qui touche de si près au bonheur du genre humain et à l'harmonie générale entre les nations, nul ne doit ignorer les vérités fondamentales de la justice naturelle, les principes sacrés qui servent de sauvegarde à la société. Savoir combiner cet accord de tous les hommes sur les premiers principes, avec les circonstances variées et infinies dans lesquelles on en fait l'application, voilà en résumé la tâche vaste et sublime de la diplomatie, dont les points cardinaux sont *le droit* et *la politique*, l'un, en lui traçant le principe à suivre, l'autre, en donnant l'impulsion à son action. Par conséquent, toutes les sciences découlant de ces deux sources, deviennent plus ou moins un objet d'étude pour le diplomate, puisqu'elles aboutissent à un centre commun, le bonheur et la fraternité des peuples.

L'activité incessante des nations pour étendre, développer et consolider leurs intérêts matériels est un fait caractéristique de notre époque. Le travail produit la richesse, la richesse la force, et la force la puissance. Plus un État est habile à faire accroître les ressources du pays, plus il jouit de considération auprès des autres États. C'est de ce côté-là, que l'œil exercé du diplomate découvre à l'instant la faiblesse et les vices d'un gouvernement étranger.

L'influence des intérêts matériels dans les rapports internationaux, est devenue aujourd'hui si décisive, que devant elle s'efface déjà partout le système des *alliances de principes*.

La Grande-Bretagne doit sa richesse et sa prépondérance maritime au tact merveilleux avec lequel son gouvernement a su le premier, deviner et seconder les tendances industrielles de notre siècle. Rechercher et cultiver l'amitié de toutes les nations du globe, pour la faire tourner au profit de son commerce, c'est tout le secret de la politique anglaise. Au bruit de ses canons, les murailles du céleste empire s'abaissent pour livrer passage aux manufactures de Manchester et de Birmingham, et par un trait de plume le cabinet de Saint-James ouvre à l'industrie britannique un marché de trois cent cinquante millions de consommateurs. Qu'on appelle, si l'on veut, l'Angleterre un pays de marchands, elle n'en est pas moins une nation grande et puissante :

Le trident de Neptune est le sceptre du monde.

Les fabriques et les manufactures, le commerce et la navigation, les routes et les canaux, les postes et les chemins de fer, l'argent et les banques sont, il ne faut pas l'oublier, les fruits de la civilisation et du progrès social : ceci soit dit pour la justification de l'esprit mercantile qui prévaut aujourd'hui, et pour faire apprécier à leur juste valeur l'importance politique des intérêts matériels.

Dans la considération des événemens les idéologues ne tiennent pas assez compte de l'influence que ces intérêts exercent sur la marche de la diplomatie moderne. Les intérêts matériels, quoi qu'on en dise, opéreront à une époque plus rapprochée peut-être qu'on ne le pense, un changement notable dans le système politique de l'Europe. Les progrès rapides et le succès toujours croissant de l'Union des douanes allemandes en sont manifestement le prélude. La communauté des intérêts commerciaux deviendra partout, et toujours, le lien le plus puissant entre les nations. Un traité de commerce avantageux donnera désormais des garanties bien plus solides d'une harmonie durable entre deux pays, que tous les anciens traités *de paix et d'amitié perpétuelle*, pactes illusoires, qui ne font qu'attester l'instabilité et l'inefficacité des alliances de principes.

En présence de ces faits, la mission du diplomate grandit et s'ennoblit. Là où l'industrie privée ne voit que l'appât du lucre, l'homme d'Etat sait trouver un élément de force morale. Par l'échange des produits, il favorise l'échange des idées, et comme du frottement de la pyrite avec l'acier, jaillissent des étincelles lumineuses, il fait naître du contact des intérêts matériels les sympathies réciproques des nations, sympathies d'autant plus durables qu'elles sont entretenues par les besoins incessans du commerce. Le commerce extérieur est devenu l'arène où se rencontrent aujourd'hui les efforts et les exigences des nations étrangères. C'est dans cette lutte que le diplomate, tout en défendant les intérêts du commerce de son pays, assure l'influence politique du Gouvernement qu'il représente. Le protectorat de la France en Orient se rattache à l'origine de son commerce dans ces parages. Par la même voie, l'Angleterre consolide de plus en plus sa domination aux Indes-Orientales et la Prusse sa puissance en Allemagne.

La tâche du diplomate, telle que nous venons de l'esquisser, impose des devoirs si graves et si nombreux que les connaissances les plus vastes et les plus variées suffisent à peine pour en soutenir le fardeau. Pour s'élever à la hauteur de sa mission, le diplomate doit être, pour ainsi dire, un homme d'Etat encyclopédique, appelé qu'il est à remplir tour à tour dans sa carrière, des fonctions politiques et judiciaires, à être économiste et financier. En effet, non seulement il est chargé de défendre et de soutenir les droits de sa Nation auprès des autres États, mais il intervient encore, tantôt comme arbitre ou comme médiateur dans les différends qui se sont élevés entre des Gouvernemens tiers, tantôt comme juge naturel dans les cas litigieux entre ses nationaux en pays étranger; il conclut et signe des traités de commerce et de navigation; il négocie parfois des emprunts pour le compte de son Gouvernement, surveille le paiement des intérêts et rachète pour la Caisse d'amortissement les coupons de la dette extérieure. Représentant de son Gouvernement, il en concentre en ses mains, bien que dans une sphère proportionnellement plus restreinte, toutes les attributions, soit dans ses rapports avec le Gouvernement auprès duquel il est accrédité, soit à l'égard des nationaux confiés à ses soins et à sa protection. Comment s'acquittera-t-il de devoirs aussi nombreux, d'occupations aussi importantes, aussi variées, s'il ne possède pas une connaissance complète de toutes les parties de l'administration publique?

Un ancien ministre des affaires étrangères (1) voulait que les jeunes gens qui se destinent à la diplomatie, eussent préalablement servi dans les bureaux administratifs, et qu'après avoir été quelque temps attachés aux légations étrangères, ils rentrassent au département de l'Intérieur, de manière que passant alternati-

(1) M. Pinheiro-Ferreira. Voyez ses notes sur le *Précis du Droit des gens* de M. Ch. de Martens.

vement du service de l'administration aux missions diplomatiques, ils obtinssent une promotion graduelle, fondée sur la progression de connaissances acquises dans l'une et l'autre de ces deux carrières.

Nous sommes d'avis que le système proposé par M. Pinheira-Ferreira, s'il était trop rigoureusement suivi, rendrait la carrière diplomatique presque inaccessible. Il est déjà assez difficile d'être soit bon administrateur, soit diplomate habile, pour ne pas exiger les deux qualités réunies et à un degré égal dans une seule personne. Chacune de ces deux branches du service public a son but spécial; on ne peut les confondre sans que l'une ne devienne à l'instant la principale et l'autre l'accessoire.

Chaque fonction publique a une importance qui exige toute l'application et l'assiduité du titulaire. Partager son temps entre plusieurs fonctions, c'est risquer d'apprendre *ex omnibus aliquid, ex toto nihil.* Le diplomate n'a pas besoin, comme le juge, de connaître exactement les dispositions du code ni de savoir à fond tous les réglemens politiques, ou toutes les lois financières comme l'administrateur et le caméraliste; il suffit qu'il ne soit pas étranger aux principes fondamentaux sur lesquels sont assises la justice, l'administration et les finances de son pays, afin d'assimiler et de conformer autant que possible son action à l'idée suprême du gouvernement qu'il représente. Si cependant l'élève diplomatique joint aux études préparatoires indispensables, des connaissances pratiques en administration, il y aura là une recommandation de plus en sa faveur; ce sera un titre méritoire formant l'exception et non la règle.

Parmi les sciences politiques il en est une dont l'étude se recommande plus encore au diplomate qu'au fonctionnaire administratif, c'est la *statistique*. Obligé, selon les circonstances, de louvoyer, de temporiser, d'éviter avec soin toute complication, ou d'agir avec énergie et de brusquer la solution d'une question pendante, le négociateur ne peut pas ignorer les ressources dont son gouvernement et les autres États de l'Europe disposent en temps de guerre et de paix ; il doit constamment s'appliquer à sonder les tendances et les intérêts des autres gouvernemens pour pouvoir, au besoin, se ménager leur appui et s'assurer leur coopération. Par la connaissance exacte de la situation intérieure des états étrangers, il arrivera à deviner l'attitude qu'ils prendront dans telle ou telle autre circonstance, à évaluer le poids de leur influence extérieure, et à prévoir le résultat éventuel de leurs négociations diplomatiques.

D'ailleurs, les missions permanentes ont aussi été établies dans le but de suivre les progrès de la civilisation chez les autres peuples. Pour être à même de tenir son Gouvernement au courant des découvertes industrielles, du mouvement intellectuel, des réformes, des améliorations qui s'introduisent dans d'autres pays, l'agent diplomatique doit nécessairement posséder les connaissances statistiques qui conviennent au rôle d'observateur éclairé et judicieux.

A côté de la statistique, *la science héraldique* se présente tout naturellement à l'attention du diplomate. Nés dans les champs-clos de la chevalerie, les signes symboliques du blason retracent les hauts faits d'armes et les nobles exploits des ancêtres. Ce sont les caractères héroïques de l'histoire nationale.

Entrons dans cette superbe résidence royale, dont la magnificence généreuse et éclairée de Louis-Philippe a fait un Panthéon fastueux, consacré à toutes les gloires de la France. Voici la salle des croisades : chaque écusson suspendu aux voûtes dorées forme une page de la glorieuse épopée que les féaux et vaillans compagnons d'armes de saint Louis ont écrite de leur sang sur le sol sacré de la Palestine.

Sous le point de vue du droit et de la politique, les titres et les emblèmes nobiliaires constatent les alliances, la légitimité de descendance, les conquêtes et la possession. Les dynasties souveraines, aussi bien que les familles privées, y ont par conséquent recours, et les invoquent comme moyens probatoires dans les contestations d'hérédité et de succession.

Quelques puissances font usage de plusieurs espèces de titres et d'armes. L'Autriche, par exemple, et la Prusse, en ont trois; la Russie et l'Espagne deux. Suivant le degré d'importance et de solennité qu'elles veulent imprimer aux actes publics dans lesquels elles interviennent, elles se servent de l'un ou de l'autre titre, du grand ou du petit sceau de leurs armes.

Ce n'est pas tout. Les titres et les armes de certaines cours renferment des prétentions non reconnues par d'autres gouvernemens. Tel souverain porte dans son écusson les armes des provinces qui ne lui sont plus soumises. La puissance adverse n'admet alors chez elle aucun titre, qui rappelle directement ou indirectement l'ancienne possession due à la conquête de l'autre. En général, on ne reconnaît en pareil cas que les titres de batailles gagnées, mais qui n'impliquent pas l'idée de la possession et de la conquête.

On voit, d'après cela, de quelle utilité peuvent être, au représentant d'une nation à l'étranger, les lumières de l'Héraldique, pour résoudre une foule de questions de préséance et d'étiquette, qui deviennent assez souvent la pierre d'achoppement pour des diplomates d'ailleurs très habiles. En diplomatie, l'oubli d'une simple formalité équivaut, dans certaines circonstances, à l'abandon d'un droit, non à cause de la formalité en elle-même, mais à cause de la signification et des intérêts très graves qui s'y rattachent.

Si, en fait de lois positives, le diplomate est moins tenu d'en connaître les textes que l'esprit et la substance, il n'est pas dispensé pour cela d'être, philosophiquement parlant, un bon jurisconsulte. La jurisprudence est la logique du diplomate; elle lui apprend à donner à chaque affaire la forme convenable et naturelle, à saisir le côté faible d'une question, à en découvrir le point essentiel et à présenter avec promptitude et clarté, tous les argumens qui militent pour et contre. Personne ne sait mieux que le juriste gagner du temps par des détours adroits, et pour le négociateur, c'est là quelquefois déjà plus de la moitié du succès.

Ce n'est qu'après avoir largement puisé aux sources du droit naturel, que l'aspirant aux fonctions diplomatiques aura le jugement assez formé pour comprendre la portée et l'utilité des rapports internationaux, pour découvrir les causes de leur développement et les élémens de leur prospérité, pour pénétrer l'esprit des usages et des traditions *du droit des gens* et *de l'histoire des négociations*, pour extraire enfin, des traités de paix et d'alliance, des actes des congrès, des memorandum, des protocoles et autres documens diplomatiques, la quintessence de la sagesse et de l'habileté pratiques.

« En examinant, dit le comte d'Hauterive(1), » avec attention les documens où sont consi- » gnés les détails et la marche des discussions » et des événemens diplomatiques, la prudence » s'exerce au discernement des probabilités de » succès, on apprend à mesurer les obstacles, » à pressentir les dangers, et on se forme ainsi » une expérience pour ainsi dire théorique, » qui, en nous instruisant par les erreurs d'au- » trui, nous préserve du malheur de nous » éclairer par nos propres fautes. »

On a donc bien raison d'être surpris, en voyant combien de jeunes gens abordent la carrière des missions étrangères, sans avoir seulement lu les traités de paix de Westphalie, de Nimègue, d'Utrecht, de Bade, de Berlin, de Hubertsbourg, de Teschen, de Fontainebleau, de Paris; les négociations relatives aux guerres de la succession d'Espagne, d'Autri-

(1) Conseils à un élève du ministère des affaires étrangères.

che, de Bavière; les actes de la double division de la Pologne, des congrès de Vienne, d'Aix-la-Chapelle, de Carlsbad, de Laybach et de Vérone; les protocoles des conférences de Londres au sujet de l'établissement du royaume de Grèce, de la séparation de la Belgique, et tant d'autres documens dignes d'être médités et pesés sous le triple rapport du style, de l'esprit politique et de l'influence diplomatique.

Pour désabuser ceux qui se flattent d'apprendre par la pratique, les connaissances élémentaires dont nous avons parlé jusqu'ici, nous citerons les paroles d'un écrivain dont le nom seul est une autorité (1):

« La carrière diplomatique qui ne paraît aux » esprits superficiels qu'une scène vivante » d'honneurs, offre à ceux qui la suivent sé- » rieusement une mer sans cesse agitée par des » courans contraires, et où des connaissances » multipliées, jointes à des qualités heureuses,

(1) Flassan, *Histoire de la Diplomatie française.*

» peuvent à peine garantir de naufrages trop
» faciles.

» *On ne se tromperait pas moins, en pensant*
» *qu'on peut se former par la pratique.* Le secré-
» taire de légation, l'ambassadeur et le minis-
» tre de cabinet lui-même, n'apprennent que
» des choses de forme et les faits du moment.
» *Ils n'ont plus le temps d'étudier, d'approfon-*
» *dir, ni de réfléchir beaucoup. Le courant les*
» *entraîne, et au bout de dix ans de pratique,*
» *ils ne sont guère plus instruits du droit qu'à*
» *leur début.* »

§ 49.

AGENS-VOYAGEURS ATTACHÉS AU DÉPARTEMENT DES AFFAIRES ÉTRANGÈRES.

Après avoir adjoint au département des relations extérieures un bureau pour les affaires commerciales des Indes et de l'Amérique, le gouvernement français a, dit-on, le projet de fonder une école spéciale pour les agens destinés à étudier les intérêts commerciaux de la France dans les pays étrangers. L'utilité d'un pareil établissement est assez constatée par les avantages que l'Angleterre retire de ses agens-voyageurs, qui, prenant un caractère privé, pour mieux cacher leur mission officielle, parcourent toutes les parties du globe, explorant les besoins des consommateurs, épiant les démarches des autres nations, et indiquant à leur gouvernement les moyens convenables et le moment opportun, soit pour entamer de nouvelles relations commerciales, soit pour resserrer les anciennes.

Toutefois il est bon de remarquer que, pour les missions de cette nature, le gouvernement anglais emploie moins des théoriciens, que des hommes pratiques et des spéculateurs intéressés eux-mêmes dans les entreprises commerciales, afin que l'intérêt privé serve constamment de moteur à l'intérêt public. C'est sans doute pour ces mêmes motifs que le gouvernement français a attaché à l'ambassade de Chine des négocians et des fabricans, recommandables par une longue habitude du commerce.

Ceux qui n'ont appris l'économie publique que dans les livres, sont plus ou moins des hommes à systèmes ; ne voyant les choses que du point de vue de leur théorie, ils oublient ou négligent trop facilement le côté pratique des affaires.

Quelque utile que puisse être la création d'une école pour les agens-voyageurs, il faut bien se garder d'en exagérer l'importance, et, plus encore, de croire qu'elle pourra à elle seule former de bons élèves-diplomates.

Dans toute négociation de quelque importance, le représentant d'une nation à l'étranger se laisse guider par les instructions qu'il reçoit de son gouvernement. Le ministère des affaires étrangères, chargé de rédiger ces instructions, ne saurait leur donner trop de clarté et de précision. A cet effet, il doit être lui-même bien identifié avec la question qu'il veut traiter, et avoir sous la main des renseignemens capables de l'éclairer suffisamment. Recueillir et classer les faits et les données statistiques dont le ministre des relations extérieures peut avoir besoin, soit lorsqu'il prend l'initiative d'une négociation, soit lorsqu'il poursuit la conclusion de négociations pendantes, voilà à quoi devra se borner la mission des agens-voyageurs.

Un ambassadeur n'a ni le temps ni l'occasion de tout voir, de tout observer; son caractère officiel même lui serait à cet égard un obstacle. Si partout l'étranger devient un objet d'inquiétude et de défiance, à plus forte raison on soupçonne la curiosité d'un diplomate, que l'on tâche de tromper et d'égarer par tous les moyens possibles. Les agens-voyageurs étant, par leur caractère privé, moins exposés à rencontrer dans leurs recherches de la froideur ou de la dissimulation, seront dans plus d'une occasion à même de remplir les lacunes que les agens diplomatiques laissent dans leurs rapports, faute d'avoir pu se procurer des informations sincères et exactes.

Restreints au rôle de simples investigateurs, sans participation directe aux affaires diplomatiques, les agens-voyageurs seront en état de rendre des services réels à leur pays, tel que l'ouvrier, rassemblant les matériaux, devient utile et nécessaire à l'architecte.

§ 50.

PÉPINIÈRES DIPLOMATIQUES.

Tous les gouvernemens s'accordent à reconnaître qu'il n'y a pas d'emploi plus noble et plus élevé que celui de représenter son souverain et de parler au nom de la patrie. Néanmoins, tandis que pour plusieurs branches du service public, comparativement moins importantes que la diplomatie, on a créé des écoles spéciales, si l'on en excepte l'Autriche, dont nous rapporterons tout-à-l'heure les essais partiels, les autres États en général manquent encore de *pépinières diplomatiques*, destinées à l'éducation du personnel du département des affaires étrangères. Depuis long-temps cependant plus d'un projet a été élaboré dans ce but par des écrivains distingués. Parmi les auteurs qui se sont appliqués avec le plus de succès à donner à l'art du négociateur une forme scientifique, il faut nommer MM. Winter et Lichtenstern (1).

Mais ces deux publicistes, d'ailleurs si recommandables par l'élévation de leurs idées et la justesse de leurs aperçus, n'ont pas évité l'écueil contre lequel se heurtent ordinairement les savans, qui, planant dans les régions abstraites de la méditation spéculative, finissent toujours par perdre entièrement de vue les enseignemens et les résultats de l'expérience pratique.

En réfutant l'erreur de ceux qui font découler l'habileté diplomatique du simple *bon sens*, ils sont tombés dans une erreur contraire, en

(1) *Système de la Diplomatie*, par Hellmuth Winter. Berlin, 1830. — *Que doit comprendre la diplomatie considérée comme science*, par Lichtenstern. Altenbourg, 1820.

attribuant à la théorie seule la faculté de former des élèves, aptes à devenir sur-le-champ des diplomates consommés.

Les hommes d'état versés dans les affaires, jugeant au premier coup d'œil que les projets présentés jusqu'ici promettent beaucoup plus qu'ils ne pourront réaliser, hésitent naturellement à faire l'essai de plans dont le succès leur paraît plus que douteux. Le maniement des affaires, pas plus que la science de la vie réelle, ne s'apprennent pas uniquement dans les livres.

§ 51.

ACADÉMIE IMPÉRIALE DE MARIE-THÉRÈSE. — SON ORGANISATION ET SON BUT.

Le gouvernement autrichien est peut-être le premier qui ait senti la nécessité d'exiger des fonctionnaires publics, des garanties d'aptitude et de capacité. Il existe un rescrit émané de l'empereur Joseph II, en 1789, que le cadre restreint de notre travail ne nous permet pas de reproduire, mais qui restera à jamais comme un témoignage des idées libérales et des sentimens généreux de ce monarque. Après avoir proclamé que lui-même, tout souverain absolu qu'il était, ne représentait que le premier serviteur de l'État (Staatsdiener), l'empereur enjoint aux autorités de ne confier aucun emploi qu'à ceux qui auront préalablement fait preuve de capacité et de moralité, et qui se seront engagés à consacrer leur temps, leur travail, leur vie entièrement et uniquement au bien-être public. « Je veux, ajoute l'empereur, que mes employés considèrent moins combien ils travaillent d'heures par jour, que combien il leur reste à faire pour s'acquitter consciencieusement de leur devoir. »

Déjà l'impératrice Marie-Thérèse, mère de Joseph II, voulant que la capacité personnelle fût l'unique titre à l'admission aux fonctions publiques, avait imposé à la noblesse les mêmes examens qu'aux candidats appartenant à la bourgeoisie ; elle créa dans ce but une Académie spéciale, qui, du nom de sa fondatrice, s'appelle encore aujourd'hui l'Académie noble de Marie-Thérèse. Les bourses entières dont elle la dota sont réparties entre les diverses provinces de l'empire, et destinées surtout aux fils de familles nobles, dépourvues de fortune. L'impératrice désirait par là honorer dans les enfans le mérite du père ; car en Autriche tout fonctionnaire supérieur et tout officier de l'armée reçoit, après quarante ans de services honorables, la noblesse héréditaire en récompense. En obtenant la décoration d'un ordre impérial, on acquiert en même temps et de droit le titre de baron, transmissible aux descendans, dont assez souvent il forme tout le patrimoine.

L'Académie de Marie-Thérèse compte cent soixante-deux élèves, dont cent douze boursiers. Elle comprend trois sections : *Le Gymnase* (études classiques), divisé en six classes; *le Lycée* (études philosophiques et mathématiques), divisé en deux classes, et les *études politiques et légales,* divisées en quatre classes. Il y a donc *douze années* d'études, non compris l'instruction élémentaire, à laquelle on consacre quatre ans. C'est la troisième section qui a pour objet spécial, de former des candidats pour l'administration politique et d'élever les attachés aux légations en pays étranger. Voici le programme des études obligatoires pour les uns et les autres :

Première année.

Droit naturel privé et public ;
Droit pénal naturel et code criminel ;
Statistique générale des États Européens ;
Statistique particulière de l'Autriche.

Deuxième année.

Droit romain ;
Droit canon.

Troisième année.

Code civil ;
Code de Commerce ;

Droit féodal.

Quatrième année.

Politique naturelle;

Lois politiques, administratives et financières;

Procédure civile ;

Exercices pratiques dans l'expédition des affaires politiques et judiciaires.

Pour ceux qui se destinent aux missions étrangères, le gouvernement a ajouté en 1844, une chaire particulière destinée à l'enseignement de l'*Histoire de la diplomatie et du droit des gens européen*. Ces deux dernières sciences sont traitées en langue française, afin d'habituer les élèves à parler avec pureté la langue, qui, depuis le siècle de Louis XIV, est devenue par son élégance et sa précision l'idiome universel de la diplomatie moderne. Outre le français, les élèves cultivent l'anglais, l'italien et l'espagnol, et pour que rien ne manque à leur éducation, ils apprennent le dessin, la danse, l'escrime et l'équitation. Enfin, pour les initier de bonne heure aux règles de l'étiquette et du cérémonial, on les fait, durant leurs études, assister, en qualité de pages de l'empereur, aux fêtes d'apparat et aux grandes réceptions de la cour.

Malgré tous les soins que le gouvernement d'Autriche prodigue aux élèves de l'Académie de Marie-Thérèse, ceux-ci ne jouissent d'aucun privilége particulier quant à l'admission au service de l'État : tout licencié en droit, noble ou non, pourvu qu'il ait passé *avec distinction* ses examens dans une Université de l'Empire, peut également aspirer à la carrière diplomatique.

Chaque candidat, les élèves de l'Académie de Marie-Thérèse non exceptés, doit, avant d'être attaché aux légations étrangères, faire à la chancellerie d'État (ministère des affaires étrangères), et sous la surveillance immédiate du prince de Metternich, un noviciat de deux ou trois ans, durant lequel il s'exerce à faire l'extrait des dépêches, à dresser des protocoles, à rédiger des notes ou des rapports diplomatiques, à minuter des projets de traités de paix, de commerce et de navigation, bref à s'approprier le style et la forme de tous les actes et documens, auxquels intervient le diplomate dans l'exercice de ses fonctions. Passant ensuite en qualité d'attaché ou de secrétaire à une légation en pays étranger, il est assez au courant des travaux de chancellerie pour se rendre immédiatement utile à ses chefs.

Peut-on toujours en dire autant du système suivi par d'autres gouvernemens dans le choix du personnel des ambassades? N'arrive-t-il pas souvent que les attachés que l'on envoie aux ministres résidant auprès des cours étrangères ne deviennent pour ceux-ci qu'une charge de plus; qu'avant de pouvoir les employer à l'expédition des affaires de la légation, l'ambassadeur ne soit obligé de commencer par faire leur éducation? Plus d'un chef de légation, au lieu de perdre un temps précieux à expliquer longuement des questions compliquées, et de courir encore la chance d'être mal compris, préfère remplir lui-même la tâche de son secrétaire.

§ 52.

ACADÉMIE ORIENTALE, FONDÉE POUR L'ÉDUCATION SPÉCIALE DES CONSULS D'AUTRICHE ÉTABLIS EN ORIENT.

L'Orient, berceau du genre humain et foyer primitif de la civilisation européenne, attire plus que jamais l'attention de la diplomatie. Les mœurs barbares, qui pesaient depuis des siècles sur l'empire des Osmanlis, disparaissent devant les réformes libérales qui ont rendu à jamais célèbre le règne de Mahmoud II. La politique régénératrice de Reschid-Pacha préserve la Porte d'une chute immédiate et la fait rentrer dans le droit commun de l'Europe. L'indépendance et l'intégrité de la Turquie forment désormais une des bases principales de l'équilibre politique. Le commerce du monde, en reprenant la route de l'isthme de Suez, ranime, resserre et redouble les anciens rapports entre le Levant et l'Occident.

L'Autriche, dont les États confinent aux provinces turques sur une étendue de trois cent trente lieues d'Allemagne, est trop intéressée à l'avenir politique et commercial de l'Orient, pour ne pas travailler à y établir son influence. Tandis que par une double ligne de bateaux à vapeur, l'une parcourant le Danube, l'autre la mer Adriatique, elle entretient une communication active et régulière avec les Échelles du Levant, elle porte une attention redoublée à l'éducation des agens appelés à la représenter dans ces contrées. Une école spéciale, dont le projet fut conçu par le célèbre chancelier d'état Kaunitz, et ayant le titre d'*Académie orientale*, fournit les candidats aux fonctions diplomatiques et consulaires de l'Autriche en Orient.

Le nombre des élèves, qui sont tous boursiers, varie selon les besoins du département des affaires étrangères : ils ne sont admis qu'après avoir terminé avec succès les classes du gymnase (collége). L'enseignement, divisé en deux sections, comprend dans la première : la philosophie, les mathématiques, la physique, la philologie grecque et latine, l'histoire universelle et l'histoire des peuples orientaux; la seconde section embrasse : les sciences politiques et légales indiquées dans le programme des études de l'Académie de Marie-Thérèse. Mais en considération des difficultés que présente l'étude des langues orientales, les matières juridiques y sont traitées plus sommairement, afin de ne pas rendre la tâche des élèves trop lourde. La durée des cours de l'Académie orientale est de cinq années. Tout élève qui à la fin de l'année ne subit pas avec honneur les examens prescrits pour passer dans la classe supérieure, est immédiatement congédié.

L'enseignement des langues orientales est dirigé dans un sens éminemment pratique, afin que les élèves en arrivant à leur poste, soient à même de parler et d'écrire couramment l'idiome dont ils peuvent avoir besoin pour communiquer avec l'autorité locale. La direction de l'Académie orientale est confiée au célèbre orientaliste baron de Hammer, dont les recherches et les travaux scientifiques ont jeté tant de lumière sur l'histoire de l'empire ottoman. Le baron de Hammer, ayant longtemps rempli des fonctions diplomatiques à Constantinople, réunit deux qualités bien précieuses pour le chef d'un pareil établissement, l'érudition du savant et l'expérience de l'homme d'état.

Disons, en passant, que le gouvernement autrichien a pour maxime de mettre à la tête de l'instruction supérieure des fonctionnaires et des magistrats d'une expérience consommée, afin de faire pénétrer, autant que possible, dans l'enseignement théorique l'esprit pratique de l'État. Chaque faculté de droit est soumise à la direction immédiate des présidens des tribunaux de première instance respectifs. Comme directeurs de l'école, ces magistrats sont obligés de surveiller la régularité des cours, d'y maintenir la discipline et d'assister aux examens publics des élèves.

§ 53.

DIFFÉRENCE ENTRE LES FONCTIONS DIPLOMATIQUES ET LES FONCTIONS CONSULAIRES.

Revenons au fait et examinons si la création de pépinières diplomatiques est réellement d'une nécessité absolue, ou s'il ne conviendrait pas mieux d'organiser les facultés de droit de manière à ce que les futurs diplomates, tout en cultivant les études propres à leur carrière, puissent, en ce qui concerne la science générale du droit et de la politique, recevoir une éducation commune avec les autres aspirans aux emplois publics.

Avant d'entrer dans le fond de la question, précisons la différence qui existe entre les fonctions *diplomatiques* et les fonctions *consulaires*, dont les titulaires sont également compris dans la dénomination d'*agens politiques*.

L'objet particulier de la mission des consuls est de favoriser par tous les moyens directs et indirects, les intérêts commerciaux de leur pays; tandis que les agens diplomatiques, personnifiant moralement leur nation, en soutiennent et défendent indistinctement tous les intérêts. Les agens diplomatiques sont, par conséquent, revêtus d'un caractère représentatif, qui constitue l'élément essentiel de leur indépendance et de leur inviolabilité.

Malgré les prétentions de quelques Gouvernemens, le droit des gens *pratique* de l'Europe ne reconnait pas aux agens consulaires le caractère représentatif, excepté aux consuls résidant dans les Échelles du Levant, parce que pour les mettre à l'abri de la brutalité fanatique des populations mahométanes, il a fallu leur accorder l'inviolabilité et les prérogatives des ambassadeurs.

Il n'y a pas de puissance, qui n'admette chez

elle ses propres sujets en qualité de consuls des Gouvernemens étrangers. Comment concilier en pareil cas, l'indépendance du caractère diplomatique avec la qualité de sujet de l'État dont le consul reçoit l'*exequatur?*

Il est vrai, que dans les pays lointains avec lesquels on entretient des relations d'un intérêt plutôt commercial que politique, on établit, par économie, des agens cumulant les fonctions diplomatiques aves les fonctions consulaires, c'est-à-dire des consuls généraux ayant le titre de *chargé d'affaires*. Mais pour se prévaloir de ce titre, ces agens-là doivent être munis de *lettres de créance* spéciales, dont la forme diffère essentiellement du simple diplôme de consul. C'est là ce qui les élève au rang des agens diplomatiques réels. Nous ferons encore remarquer, que les consuls de tout ordre, ceux-là mêmes qui, comme en Orient, sont revêtus d'un caractère diplomatique, relèvent de l'ambassadeur ou du ministre plénipotentiaire dans la circonscription duquel ils résident, et sous la surveillance de qui ils sont par conséquent censés agir.

S'il est juste et équitable que les conditions d'admission au service de l'État soient réglées d'après l'importance et la responsabilité attachées aux fonctions que les candidats ambitionnent, nul doute que l'on ne saurait raisonnablement exiger des élèves-consuls les mêmes garanties d'aptitude et de capacité, que de ceux qui aspirent aux charges diplomatiques. D'ailleurs, malgré la position subordonnée, où la sphère restreinte de leurs fonctions place les agens consulaires, *leurs attributions sont variées à l'infini : elles sont d'un genre différent de celles des autres employés des affaires étrangères ; elles exigent une foule de connaissances pratiques pour lesquelles une éducation particulière est nécessaire* (1).

La création d'une école spéciale pour les élèves-consuls nous semble donc utile et convenable, surtout pour ceux qui sont destinés

(1) Talleyrand, Eloge du comte de Reinhard.

à occuper des postes consulaires en Orient, et dont les pouvoirs et les fonctions sont beaucoup plus importans que partout ailleurs. En vertu de traités spéciaux conclus avec la Sublime-Porte, les consuls Européens sont les seuls juges des négocians, navigateurs et individus de leur nation qui séjournent dans l'étendue de leur juridiction.

La France entretient aujourd'hui à l'étranger vingt-quatre consuls généraux, quatre-vingt-six consuls de première et de deuxième classe, trente-quatre drogmans et secrétaires interprètes, sans compter les chanceliers et les élèves-consuls : c'est un corps trop nombreux pour que le Gouvernement puisse espérer de le composer toujours d'individus capables, s'il n'avise pas aux moyens de donner aux élèves-consuls une éducation préparatoire convenable.

La condition qu'une ordonnance récente a imposée aux élèves-consuls de produire le diplôme de licencié en droit, ne répond que très incomplétement au but et à la nature des fonctions consulaires. Les candidats auront employé deux ou trois ans à étudier à l'école de droit les Institutes de Justinien et les Pandectes, dont ils n'auront probablement jamais besoin ; mais ils ne se seront guère familiarisés avec les opérations du commerce et de la navigation nationale, dont les intérêts doivent être confiés à leur prévoyance et à leur protection. Ne vaudrait-il pas mieux recevoir les candidats à leur sortie du collége et, après avoir exigé d'eux comme garantie de leur aptitude, le diplôme de *bachelier ès-sciences*, les admettre en qualité d'externes à fréquenter une école préparatoire spéciale dont les cours pourraient être les suivans :

Première année. — *Droit naturel. Droit des gens positif de l'Europe. Histoire du commerce.*

Deuxième année. — *Code civil et Procédure civile. Géographie commerciale. Politique.*

Troisième année. — *Code pénal. Code de Com-*

merce, des Changes et de Navigation. Statistique.

4e Année. — *Droit maritime de l'Europe. — Économie politique. — Traités de commerce conclus par la France avec les autres pays.*

Pendant la durée de ces études, les élèves seraient instruits dans les principales langues modernes; les aspirans aux postes consulaires en Orient seraient tenus à l'étude des langues orientales, pour lesquelles la France possède une école célèbre, fondée par le décret du 13 germinal an III.

Charles-Quint disait, qu'un homme valait autant d'hommes qu'il parlait de langues; cet empereur avait raison. Un agent politique ignorant la langue du pays où il réside, a besoin d'être doublé par un interprète; et quelle que soit l'habilité de ce dernier, il ne comblera jamais entièrement une pareille lacune. Personne ne peut rendre notre pensée aussi exactement que nous-mêmes. Les conférences auxquelles interviennent les interprètes, manquent ordinairement de cette sincérité et de cette intimité expansives, qui rapprochent les hommes politiques et favorisent la marche des négociations. L'expérience de tous les jours prouve qu'un secret connu de trois personnes ne demeure pas longtemps un secret, surtout en diplomatie.

Ceux qui ont rempli des fonctions consulaires en Orient, savent que le meilleur moyen de gagner la confiance des pachas, si réservés et si soupçonneux, c'est de parler leur langue. Rarement un fonctionnaire public turc dévoile-t-il sa pensée intime à son interlocuteur, en présence d'un autre témoin.

§ 54.

PROGRAMME D'ÉTUDES JUSTIFIÉ PAR LES FONCTIONS ET LES ATTRIBUTIONS DES CONSULS.

Bien que le programme d'études que nous venons de tracer pour l'éducation préparatoire des élèves-consuls s'explique assez par la simple indication des diverses branches d'instruction qu'il renferme, nous allons prouver la nécessité de chacune de ses parties, par un aperçu succinct des attributions des consuls.

Sans parler des consuls établis aux Échelles du Levant et dont la juridiction s'étend à toutes les affaires civiles et commerciales de leurs nationaux, et à tous les cas qui nécessitent l'application des lois pénales, les consuls exercent ordinairement une juridiction *volontaire* qui les autorise à recevoir les déclarations des capitaines de navire, les testamens, les dispositions de dernière volonté et généralement tous les actes judiciaires et civils que leurs nationaux veulent passer ou déposer à la chancellerie du consulat. En cas de décès d'un individu de leur nation, ils apposent les scellés et, dans l'absence d'un exécuteur testamentaire, curateur ou héritier légitime, ils dressent l'inventaire et procèdent à la liquidation, ainsi qu'à la vente des effets mobiliers de la succession.

Ils exercent la police sur les navires marchands nationaux, à bord desquels ils ont tout pouvoir et toute juridiction tant en matière civile que pénale. Dans les affaires litigieuses de commerce entre gens de leur nation, ils prononcent comme arbitres, et rendent même dans certains cas, des jugemens en première instance.

Ils tiennent les registres des naissances et des décès; ils procèdent aux mariages et remplissent en général auprès de leurs nationaux séjournant à l'étranger toutes les autres fonctions réservées aux maires. Appelés à représenter tantôt l'autorité politique et municipale, tantôt l'autorité judiciaire dans la triple sphère de leur juridiction civile, commerciale et pénale, qu'y a-t-il de plus naturel, sinon qu'ils s'instruisent d'avance des attributions et des devoirs de ces fonctions?

Les rapports commerciaux entre deux nations doivent, pour être réciproquement avantageux, être basés sur une parfaite connaissance de l'état du commerce, des manufactures et de l'économie rurale des pays respectifs. Sans ces notions, l'importation et l'exportation restent abandonnées à la merci du hasard, l'industrie livrée à d'incessantes fluctuations et le commerce exposé aux chances périlleuses de l'agiotage.

C'est aux consuls qu'est dévolu le soin de renseigner exactement leurs gouvernemens sur les causes de la prospérité ou du dépérissement de telle ou telle branche du commerce extérieur, et de leur indiquer les moyens de lui donner la plus grande extension possible. Un mémoire du grand Colbert daté du 15 mars 1669 est, sous ce rapport, un vrai modèle à consulter par les consuls, dont il résume les devoirs en ces termes :

» Sa Majesté veut que les consuls observent
» soigneusement la forme du gouvernement
» des villes où ils font leur résidence, ensemble
» de tout le pays circonvoisin.

» Et comme leur principale occupation doit

» être le commerce, Sa dite Majesté veut qu'ils » s'informent avec soin de toutes les denrées » et marchandises qui croissent dans le pays.

» Des manufactures qui s'y font. Quelles » marchandises viennent des pays éloignés, » soit par mer, soit par terre. Si c'est par ca- » ravanes comme dans le Levant. Combien il » en vient chaque année; de quel nombre de » bêtes de charge elles sont composées; com- » bien et de quelle qualité sont les marchan- » dises qu'elles apportent. Si les naturels ou » les sujets du même prince font quelque com- » merce par mer, soit pour apporter les mar- » chandises ou denrées nécessaires à la con- » sommation, soit pour transporter celles qui » croissent ou qui sont apportées des autres » pays. Ou, si les autres naturels et les autres » sujets du même prince ne font aucun com- » merce, quelles nations le font, avec combien » de vaisseaux, de quelle qualité, quelles et » quelle quantité de marchandises ils appor- » tent et emportent.

» Quels avantages ils en retirent et quel est » l'emploi de leurs vaisseaux, soit qu'ils ne servent qu'à apporter des pays où ils sont, et » remporter les marchandises qu'ils tirent, » soit qu'ils soient employés à faire le com- » merce de port en port dans les États du même » prince en attendant leurs charges.

» En cas que les diverses nations étrangères » y fassent commerce, leurs différentes ma- » nières et les avantages qu'elles ont les unes » sur les autres, soit par une plus grande et » plus exacte connaissance du commerce, soit » par une plus grande économie.

» Si les marchandises viennent par mer, » comme en Espagne et en Portugal, il est » nécessaire de savoir de même combien de » vaisseaux il en vient et généralement tout ce » qui est ci-dessus dit.

» Sa Majesté veut de plus être informée de la » valeur, poids et titre de la monnaie qui a cours » en chacun pays; s'il y a change ou non, et » tous les changemens que le titre et le cours

» des monnaies et du change reçoivent cha-
» que année.

» Comme le plus important point de tout le
» commerce consiste en grand nombre de piè-
» ces de cinq sols qui passent de France et d'Ita-
» lie au Levant, Sa Majesté veut que les consuls
» établis dans les Échelles du Levant examinent
» avec grand soin cette matière, et qu'ils lui
» fassent savoir leurs avis sur tous les expé-
» diens que l'on pourrait pratiquer pour em-
» pêcher la continuation de ce désordre, qui
» tire tous les ans des sommes très considéra-
» bles du Royaume et qui abolit et ruine entiè-
» rement nos manufactures pour substituer en
» leur place celles d'Angleterre et de Hollande.

« Sa Majesté veut savoir les différens prix,
» titres, coins, effigies, lieux de leurs fabriques
» et les différentes nations qui en portent au
» Levant, et quelle quantité et quels avantages
» elles en reçoivent. »

En adaptant ces instructions du grand ministre de Louis XIV au progrès et au développement actuel de l'industrie et du commerce européens, il est évident que la statistique, l'économie politique, l'histoire du commerce et les autres connaissances dont nous recommandons l'étude aux élèves-consuls, suffisent à peine pour mettre ceux-ci à même de s'acquitter honorablement de la mission que la confiance du gouvernement leur réserve.

Faut-il le dire ? Il y a des consuls, qui peu soucieux de leur propre dignité et encore moins pénétrés de leurs devoirs, abandonnent soit par ignorance, soit par commodité les attributions les plus importantes de leur charge à la routine nonchalante de chanceliers mal rétribués. Que s'ensuit-il ? Que les nationaux, craignant de voir leurs intérêts compromis par l'incurie d'employés subalternes, dans les différends mêmes dont la décision est de la compétence de leur consul, préfèrent invoquer la justice des tribunaux du pays où ils résident. Lorsque sur la plage étrangère nos yeux se tournent avec amour et désir vers la patrie, il est doublement douloureux de rencontrer de la froideur ou de l'indifférence dans ceux dont nous étions en droit d'attendre aide et protection.

Ce n'est que par une éducation soignée que le Gouvernement sera sûr d'inspirer aux consuls la conscience de leurs devoirs, en leur faisant comprendre l'importance de leur noble mandat et la responsabilité qui y est attachée.

La volonté s'ennoblit par l'intelligence, comme l'or s'épure au feu du creuset. Une politique prudente doit apporter dans le choix de ses agens à l'étranger, plus de sévérité encore que dans la nomination des employés de l'administration intérieure. Les consuls étant placés dans des contrées éloignées, leurs actes échappent plus aisément au contrôle du gouvernement. Le mérite personnel du titulaire est ici la garantie la plus solide que l'État puisse désirer et obtenir ; car le respect de soi-même qui accompagne le vrai mérite devient un aiguillon puissant et porte à l'accomplissement consciencieux de ses devoirs comme homme privé et comme fonctionnaire public.

§ 55.

EST-IL ABSOLUMENT NÉCESSAIRE DE FONDER DES ÉCOLES SPÉCIALES POUR LES ÉLÈVES-DIPLOMATES ?

Les argumens qui militent en faveur de l'établissement d'une école spéciale pour les élèves-consuls perdent beaucoup de leur force si on les applique à l'éducation des futurs diplomates. Et d'abord, la portée grave et élevée des fonctions diplomatiques réclame des connaissances étendues en jurisprudence et en politique, dont elles embrassent tout le domaine. Si donc, le gouvernement avait l'intention de fonder un établissement consacré exclusivement à l'éducation des agens diplomatiques, il faudrait nécessairement y faire entrer toutes les matières qui sont du ressort d'une faculté de Droit bien organisée. Le gouvernement autrichien en a si bien compris la nécessité, que quant à l'enseignement du droit et de la politique, il a prescrit pour l'Académie de Marie-Thérèse le même programme que pour les universités publiques de l'empire. Cette double dépense est motivée ici par le but tout particulier dans lequel a été institué l'Académie des nobles à Vienne; mais en dehors de cette circonstance, elle devient évidemment superflue.

L'économie autant que la prudence conseille au Gouvernement de laisser les élèves-diplomates fréquenter les cours communs des Facultés de Droit, avec les autres candidats aux fonctions publiques. Rien ne nuit plus à l'unité de l'action gouvernementale, que l'esprit *de caste*, dont restent toujours imbus ceux qui ont été élevés dans des écoles spéciales. Accoutumez la jeunesse des écoles à se considérer comme une seule famille, animée du même amour de la patrie, du même désir de servir un jour dignement son pays, et vous ferez disparaître bien des rivalités, bien des collisions qui entravent secrètement la marche de l'administration.

Le diplomate ne doit jamais perdre de vue la politique et la direction intérieures de son Gouvernement, puisqu'elles font le contrepoids naturel et nécessaire de sa propre conduite. Le ministre des affaires étrangères n'a pas toujours le temps ou l'opportunité d'appeler l'attention de ses agens sur ce qui se passe à l'intérieur. Il faut souvent que les chefs des légations à l'étranger, sachent deviner les intentions de leur Gouvernement, en jugeant de la cause par les effets, du but par les moyens, du principe par les conséquences et réciproquement. Où peuvent-ils mieux puiser les notions et les principes, servant de règle aux jugemens qu'ils doivent porter sur les choses, et sur les événemens de l'intérieur de leur pays, sinon dans l'instruction commune avec les aspirans aux emplois de l'administration civile?

Un des plus illustres écrivains de notre

siècle (1), et qui fut justement considéré dès son vivant comme le type du vrai diplomate, formulait la quintessence de l'art du négociateur en ces termes :

« Un diplomate s'acquitte de sa tâche en sou-
» tenant sa propre dignité, et celle encore
» plus élevée à laquelle il doit compte de ses
» actions ; en favorisant son intérêt propre à
» côté de celui bien plus important de son Sou-
» verain, voire de nations entières, et en sa-
» chant dans cette position si périlleuse capti-
» ver, avant tout, la bienveillance des hommes. »

Le secret de plaire aux autres ne se laisse pas enseigner ; c'est dans les profondeurs mystérieuses du cœur humain, qu'il faut le chercher soi-même, l'étudier dans le commerce assidu de la Société, et le retremper dans le flux et reflux incessant de la vie. La bienséance, la courtoisie, les convenances, l'étiquette n'en sont que l'expression pratique sous une forme variée. On pardonne plus facilement à un am-

(1) Goethe, *Ma propre vie*, liv. 15.

bassadeur une erreur en histoire ou en économie politique, qu'un oubli des convenances ou une faute contre les règles de l'étiquette. Il y a des hommes d'état, rompus aux luttes parlementaires, qui, se voyant tout à coup transportés dans les régions suprêmes de la Royauté, se troublent et perdent contenance, parce que l'inexpérience dans le cérémonial des cours leur fait craindre à chaque pas de surprendre un sourire railleur sur les lèvres des vieux courtisans.

En général, l'homme sorti des rangs modestes de la bourgeoisie, et que son seul mérite a élevé au niveau d'ambassadeurs de haut lignage doit, dès son début, se préparer à une lutte sourde mais acharnée contre certains préjugés de naissance et de morgue aristocratique. Un blason de fraîche date ne le protégera pas assez contre mille tracasseries que lui susciteront ses collègues, si, par un tact exquis et la noble aisance de son maintien, il ne sait leur imposer le respect.

La présence d'esprit, qualité si importante pour un diplomate, ne s'acquiert que par une longue habitude de la société, où l'on apprend à juger avec calme et promptitude les hommes et les choses.

Il y a dans la vie publique comme dans la vie privée des momens d'épanchement et d'abandon, que des diplomates rusés savent provoquer et exploiter. Au milieu de la gaîté d'un dîner, d'une fête brillante, durant un concert mélodieux, dans un cercle de dames belles et séduisantes, lorsque vous vous attendez le moins à être observé, il vous échappe un mot, un geste trahissant à un autre diplomate qui vous épiait depuis longtemps vos instructions les plus secrètes. Ce sera assez pour faire avorter des négociations importantes, que vous espériez bientôt voir couronnées d'un succès complet. L'homme du monde habitué à la réserve aurait évité le piége; avec l'instinct de l'expérience, il aurait craint d'être observé et il eût opposé aux curieux indiscrets, la mine impassible et impénétrable du Sphynx.

On ne peut sans doute exiger qu'un élève-diplomate débute par des qualités extérieures aussi parfaites et accomplies que celles d'un chef de légation. Mais si le novice veut à son tour passer maître, il faut au moins que ses dispositions soient assez développées et cultivées, pour se former et perfectionner lui-même, en étudiant l'exemple qu'il a devant lui.

La vie claustrale des colléges nous paraît peu propre à donner aux élèves-diplomates la tournure prévenante et les allures dégagées qui conviennent au caractère souple et insinuant du négociateur. Ce ne sera jamais que dans le commerce de la bonne compagnie que ses manières se poliront, et que son extérieur prendra ce vernis de distinction qui, sans remplacer le talent en rehausse l'éclat, comme un diamant enchâssé avec art rejaillit doublement son feu étincelant.

Il ne faut nullement croire qu'après avoir terminé ses études, l'élève-diplomate aura toujours assez de temps et de loisir pour apprendre à connaître le monde et se façonner aux belles manières de la société. Nous conservons plus ou moins durant la vie entière, les premières impressions que nous avons reçues dans la jeunesse, où l'on absorbe par tous les pores la réaction des objets extérieurs, de sorte que nos mœurs et nos manières se façonnent avec autant de promptitude que de fidélité à celles de notre entourage ; l'habitude devient une seconde nature. Prenez un jeune arbre, il s'élancera svelte dans l'air, si vous avez soin d'en retrancher les rameaux vicieux : abandonnez-le à lui-même, il s'étiolera gauchement au soleil. S'il a pris un faux pli, vous aurez bien de la peine à le redresser quand même sa tige n'aurait pas encore été raidie par le temps.

La carrière diplomatique, la plus importante et la plus honorifique de toutes, doit être réservée à l'élite de la jeunesse studieuse, double raison pour affranchir les élèves qui s'y destinent du régime disciplinaire des colléges. Rien ne touche autant les ames bien nées qu'une noble confiance. La Providence a laissé à l'homme la liberté d'action, afin que l'attrait de la vertu devînt ici-bas tout à la fois et son guide et sa récompense.

La douce satisfaction que fait éprouver une conduite sage, due plutôt à la conscience du devoir qu'à une obéissance servile, relève la jeunesse à ses propres yeux et fait pénétrer en elle cette sagacité salutaire, qui, en développant les sentimens généreux, lui tiendra en quelque sorte lieu d'expérience.

D'ailleurs, le brusque passage d'une vie recluse à celle du grand monde, à ce tourbillon énivrant au milieu duquel le diplomate est destiné à vivre, engendre une soif immodérée des plaisirs. Combien d'existences, pleines d'avenir, n'a-t-on pas vues se briser contre cet écueil ?

Pour en préserver les élèves diplomates, rien ne vaut mieux que de les exercer de bonne heure, par une indépendance tempérée, à lutter contre les dangers sans nombre qui, comme le serpent sous l'herbe, se cachent sous les fleurs riantes dont est émaillé le sentier printanier de la vie. La lutte engendre la force et la force inspire le sentiment de la dignité, source et fondement de tout ce qu'il y a de beau, de juste et de noble dans les actions humaines.

La moralité n'est pas la dernière qualité à désirer dans les agens diplomatiques. Ainsi que la faculté sensitive, dont le centre est au cœur, se manifeste plus particulièrement aux extrémités du corps, de même la vie intérieure d'une nation se révèle doublement dans la dignité morale de ses représentans à l'étranger.

Une politique étroite, égoïste, qui cherche sa prépondérance dans l'abaissement, l'humiliation, l'appauvrissement et les discordes des autres États, s'attire tôt ou tard des représailles et des guerres acharnées. Il n'y a pas de moyen plus sûr, pour consolider l'influence d'un gouvernement à l'étranger, que les bons procédés. Une bienveillance prévenante, une obligeance désintéressée, une franchise cordiale, une droiture persévérante commandent l'estime et la reconnaissance des autres nations ; une pareille conduite est toujours regardée comme une preuve de force et de puissance. Dans les querelles internationales, on s'adresse de préférence aux conseils et à l'arbitrage d'un gouvernement dont on a eu l'occasion d'apprécier l'amitié. Malheur aux peuples dont la diplomatie ne connaît d'autre règle que la *raison d'État*, et sacrifie à l'intérêt matériel du moment, les lois de la morale et les sentimens de l'humanité !

Supposez une communauté quelconque où règnent la jalousie, la méfiance, l'égoïsme, dont les membres ne s'occupent les uns des autres que pour se tromper, se spolier, où chacun s'efforce de s'agrandir, de s'enrichir aux dépens de tous... la paix, la prospérité, le bonheur seront bientôt et à jamais bannis de son sein.

Et les peuples dispersés sur la surface du

globe, que sont-ils, sinon une immense communauté sociale, dont les membres sont appelés à réunir leurs efforts pour la réalisation du but suprême que la Providence leur a tracé? Leurs relations, qui reposent sur un principe d'attraction mutuelle et de réciprocité d'intérêts, ont établi entre eux une solidarité morale qui forme désormais la balance politique de l'Europe.

Ce système n'a pas de chef humain, à l'instar des familles, des peuplades, des nations et des États; c'est Dieu, le père commun de tous les hommes, qui le gouverne et le maintient par les sentimens de justice et de charité dont il fait battre notre cœur. *Une loi éternelle, immuable,* disait déjà Cicéron, *réunira tous les peuples et toutes les époques; Dieu, l'auteur, le juge et le donateur de cette loi, restera toujours le souverain et le maître de tous.*

La politique et la diplomatie ne marchent jamais plus sûrement vers le succès, que lorsqu'elles écoutent et suivent ces préceptes sublimes; car comme l'a dit M. de Lamartine dans son beau langage : *Aimer c'est savoir.*

La charité ne vit pas seulement dans le présent; scrutant sans cesse l'avenir, elle songe au bonheur des générations futures. Les bénédictions de la postérité reconnaissante ne sont-elles pas le plus beau fleuron de la couronne civique d'un homme d'État?

Il reste encore à la civilisation moderne un grand pas à faire, anéantir à jamais le paradoxe fatal du *summum jus, summa injuria.* C'est un outrage à la raison, une insulte à la justice, et qui ne disparaîtra que du jour où dans les rapports de nation à nation, la politique des Gouvernemens sera épurée par la morale et la rigidité du droit, tempérée par la voix de l'humanité. Pour cela, il ne suffit pas d'enrichir la mémoire des futurs fonctionnaires publics et des élèves-diplomates de connaissances utiles et variées, il faut encore former leur cœur, afin que suivant la maxime de Socrate, *après avoir connu la justice, ils sachent aussi la pratiquer.*

CHAPITRE QUATRIÈME.

SYSTÈME DE RÉORGANISATION DE L'ENSEIGNEMENT DES FACULTÉS DE DROIT.

> Toutes ces sciences ont été professées autrefois avec un grand éclat dans les universités. Elles le sont encore pour la plupart dans tout le Nord, en Allemagne, en Angleterre, en Italie. Elles ne le sont en France nulle part, ou ne le sont à peine que dans deux ou trois chaires, mais sans lien entre elles, ne composant point un corps d'etudes, ne contribuant en rien à former la pépinière des serviteurs civils de l'Etat. Serait-il bien de rassembler toutes ces sciences sous l'une des deux formes qui viennent d'être indiquées, en un même faisceau ?
>
> (SALVANDY, *Rapport au roi du 16 mars* 1845.)

§ 56.

CADRE D'ÉTUDES.

Après avoir déroulé le vaste tableau des connaissances nécessaires à ceux qui gouvernent, et avoir assigné à chaque science la place qui lui appartient, essayons de répondre à la question posée par M. le ministre de l'instruction publique, d'indiquer la manière *de rassembler toutes ces sciences en un même faisceau;* c'est-à-dire, examinons quel doit être le cadre complet de l'enseignement d'une faculté légale, pour qu'elle réponde au but de son institution et aux besoins de l'administration publique.

Et d'abord, en nous rapportant aux diverses catégories d'études que nous avons établies ailleurs, nous allons en reproduire sommairement le programme.

SCIENCES OBLIGATOIRES.

I. — *Pour l'avocat* :

1 Droit naturel;
2 Code civil ;
3 Procédure civile et notariat;
4 Code pénal;
5 Code de commerce, des changes et de navigation;

6 Droit romain ;

7 Politique ;

8 Droit constitutionnel.

II. — *Pour le juge :*

1 Droit naturel ;

2 Droit civil ;

3 Procédure civile;

4 Code pénal ;

5 Code de commerce, de changes et de navigation ;

6 Droit romain ;

7 Droit canon ;

8 Droit constitutionnel ;

9 Législation comparée ;

10 Histoire du droit ;

11 Politique ;

12 Médecine légale.

III. — *Pour les fonctionnaires administratifs :*

1 Droit naturel ;

2 Code civil ;

3 Procédure civile;

4 Code pénal;

5 Code de commerce, de changes et de navigation;

6 Droit administratif;

7 Droit constitutionnel;

8 Économie politique;

9 Statistique et Arithmétique politique;

10 Politique;

11 Hygiène publique;

12 Médecine légale.

IV. — *Pour l'employé aux finances :*

1 Droit naturel;

2 Code civil;

3 Procédure civile;

4 Code pénal;

5 Code de commerce, de changes et de navigation;

6 Droit constitutionnel;

7 Politique;

8 Science des finances;

9 Comptabilité d'État ;
10 Économie politique ;
11 Statistique.

V. — *Pour le diplomate* :

1 Droit naturel;
2 Code civil ;
3 Procédure civile ;
4 Code pénal;
5 Code de commerce, de changes et de navigation;
6 Droit constitutionnel ;
7 Législation comparée ;
8 Droit des gens ;
9 Politique ;
10 Sciences des finances ;
11 Économie politique ;
12 Statistique ;
13 Héraldique ;
14 Histoire de la diplomatie ;
15 Diplomatie ;
16 Traités publics.

§ 57.

PROGRAMME GÉNÉRAL DES ÉDUDES POLITIQUES ET LÉGALES.

La distribution des matières et l'ordre de l'enseignement sont des questions fort graves, surtout lorsqu'il s'agit de l'instruction supérieure et de l'éducation des futurs fonctionnaires de l'État. Le meilleur système sera évidemment celui qui dans le moins de temps possible, dispensera aux élèves la plus grande somme de connaissances.

C'est par un examen sérieux et approfondi que nous sommes parvenu à combiner ces deux conditions, dans un plan d'études divisées en cinq années. Nous avons eu soin de laisser toujours, d'après l'ordre logique, précéder les sciences générales aux matières spéciales, le principal à l'accessoire, le facile au difficile, la théorie à la pratique.

PROGRAMME UNIVERSEL.

Ire ANNÉE.

	Cours ordinaires.	par jour	*Cours extraordinaires.*	par semaine
1er semestre.	Introduction aux études politico-légales (1) et droit naturel	2 h.	Histoire du droit	3 h.
	Politique	1	Médecine légale	3
2e semestre.	Droit naturel	1		
	Politique	1		
	Code civil	1		

IIe ANNÉE.

1er semestre.	Droit romain	2	Législation comparée	3
	Code civil	1		
2e semestre.	Code civil	2	Eloquence parlementaire	2
	Droit constitutionnel	1		

IIIe ANNÉE.

1er semestre.	Procédure civile	2	Notariat	3
	Droit canon	1		
2e semestre.	Code pénal	2	Hygiène publique	3
	Code de commerce, de changes et de navigation	1		

IVe ANNÉE.

1er semestre.	Statistique générale	1	Comptabilité d'état	3
	Droit administratif	2		
2e semestre.	Statistique de la France	1	Arithmétique politique	2
	Economie politique	1		
	Sciences financières	1		

Ve ANNÉE.

				par jour.
1er semestre.	Droit des gens	2	Histoire de la diplomatie	1
	Diplomatie (politique extérieure)	1		p. sem.
2e semestre.	Diplomatie	1	Héraldique	3
	Traités publics	2		

(1) Le professeur de droit serait chargé d'ouvrir son cours par un aperçu général et raisonné de l'enseignement des Facultés légales, en démontrant, comme nous l'avons fait dans les trois premiers chapitres de cet ouvrage, la corrélation qui existe entre chacune des études et les ressorts de la machine de l'État. Cet aperçu, en donnant immédiatement aux élèves une idée claire et exacte de l'art gouvernemental, les aiderait merveilleusement à choisir avec plus de tact et de justesse la carrière qui conviendrait le mieux à leur vocation.

§ 58.

JUSTIFICATION DU PROGRAMME GÉNÉRAL.

Lorsqu'on propose des réformes, il ne suffit pas de les étayer d'idées lumineuses et de vues élevées ; il faut aussi songer aux difficultés que le gouvernement peut rencontrer en essayant de les mettre à exécution. Les plans les plus ingénieux, les projets les plus remarquables ne sont appréciés par les hommes pratiques, qu'autant qu'ils cadrent avec les maximes et les traditions générales du système gouvernemental. Plus la responsabilité ministérielle se voit engagée dans l'adoption d'une réforme, plus elle recule devant l'éventualité d'un demi-succès ou d'un échec.

Si malgré les savantes recherches et les nombreux écrits, auxquels la question qui nous occupe a donné lieu, le Ministre de l'instruction publique ne se croit pas encore assez édifié, puisqu'il vient de charger M. Vergé, avocat à la cour royale de Paris, d'aller étudier de nouveau l'organisation de l'enseignement du droit en Allemagne, c'est, il faut le reconnaître, parce que les opinions émises jusqu'à cette heure, tendent soit à renverser ce qui existe aujourd'hui, soit à importer des systèmes qui ne sont réalisables que dans les conditions, pour lesquelles ils ont été créés.

Les uns voudraient appliquer aux Ecoles de Droit le système universitaire allemand, sans réfléchir combien, par sa nature et son but, ce système diffère de l'esprit et de la mission des facultés légales en France. Il eût fallu rechercher d'abord par quel moyen transitoire on combinerait le caractère scientifique de ce système, avec les exigences de l'Etat et les besoins de l'administration publique. Une plante transportée dans une terre étrangère ne prospère, que lorsque le sol a été convenablement préparé pour la recevoir.

Les autres, en conseillant l'établissement *d'écoles normales de jurisprudence* ou de *facultés politiques*, ne répondent qu'imparfaitement aux intentions du gouvernement, dont les efforts tendent moins à introduire des réformes isolées et partielles qu'à réaliser une grande idée, à se fixer sur un grand projet d'ensemble, d'après lequel l'enseignement du droit pût être réorganisé et complété, sans altérer les principes fondamentaux qui le rattachent aux institutions civiles et politiques du pays.

Le plan d'études que nous proposons à notre tour, n'est, au fond, qu'une amplification du système actuellement pratiqué en France; il indique par voie progressive, les améliorations dont ce système est susceptible, afin de satisfaire à la fois au mouvement ascendant de la science et aux besoins croissans de la vie civile.

Suivant notre programme, l'avocat et le juge pourront, comme par le passé, non seulement achever leurs études en trois ans, mais en fréquentant les cours extraordinaires correspondans, ils seront à même d'obtenir après la troisième année, le diplôme de docteur en droit, pour lequel on exige aujourd'hui une quatrième année d'études.

Si l'on considère quelle influence directe l'administration politique et financière exercent sur la prospérité publique, et combien est grande la multiplicité des connaissances nécessaires pour découvrir d'un coup d'œil sûr les besoins du pays et choisir dans la diversité des moyens le plus prompt et le plus efficace pour y satisfaire, on conviendra que nous n'exigeons rien de trop, en soumettant, d'après notre programme, le fonctionnaire administratif et financier à une éducation préparatoire plus longue d'une année, que celle du juge et de l'avocat.

Indépendamment de cela, on remarquera qu'en ajoutant une seule année à la durée actuelle de l'enseignement juridique, ce programme pourvoit largement à l'instruction des aspirans aux emplois civils, sans avoir besoin d'établir des facultés politiques spéciales, qu'il serait aussi difficile d'organiser convenablement qu'elles seraient dispendieuses pour le Trésor.

Et quant à la carrière diplomatique, nous nous sommes assez étendu ailleurs sur la tâche difficile et la gravité des fonctions de l'agent des relations extérieures, pour pouvoir nous dispenser de répéter encore, qu'elle ne doit être accessible qu'aux candidats que des études sévères y auront préparés. Nous avons complété, à cet effet, le programme de l'enseignement des écoles de droit par une cinquième année, consacrée à l'instruction exclusive des élèves-diplomates.

La diplomatie, à cause de la considération et des honneurs qui y sont attachés, est devenue le point de mire de toutes les ambitions. Qu'elle soit donc la plus difficile à aborder, afin de décourager les médiocrités qui obsèdent le pouvoir et demandent au favoritisme ce qui n'appartient qu'au mérite personnel.

Une dernière remarque. Depuis que la nouvelle organisation des bureaux ministériels a fixé à huit heures par jour la durée du travail des employés, il nous paraît utile et prudent de disposer les jeunes gens à une application plus assidue, pourles préparer graduellement à leur mission future. Nous avons donc combiné notre programme de manière à faire alterner la durée des cours de trois à quatre heures par jour. C'est le système généralement suivi en Allemagne, en Angleterre et en Italie. Six à sept heures d'application par jour, qu'exige notre programme, sont une soupape utile à l'exubérance de vie qui, à vingt ans, bouillonne dans les veines de la jeunesse et cherche avec une force irrésistible à se répandre au dehors ; si si elle ne trouve dans une activité intelligente un essor salutaire, elle sera consumée par le feu des passions.

§ 59.

NÉCESSITÉ DE RESTREINDRE L'AFFLUENCE AUX COURS DE DROIT.

A Dieu ne plaise que nous voulions défendre

le paradoxe de Rousseau, qui a soutenu que la civilisation a été funeste aux nations qui l'ont accueillie. Génie bienfaisant de l'humanité, c'est elle qui sur les ailes de la pensée, élève l'homme jusqu'à Dieu, dont la radiation immortelle reluit dans les chants d'Homère et du Dante, dans les toiles de Raphaël et de Michel-Ange, dans les statues de Phidias et de Canova, dans les œuvres de Platon et de Bossuet.

Mais si la civilisation, semblable à l'air que nous respirons, à la lumière qui nous éclaire, est l'héritage commun des générations, il ne s'ensuit pas encore qu'elle doive être également répartie entre toutes les classes de la société: *Ceux qui sont appelés à juger et à diriger les destinées des peuples*, écrivait un homme d'État bien connu (1), *ne doivent pas nager avec le courant, mais examiner du point le plus élevé de la rive, la direction, la rapidité et les sinuosités du fleuve, afin de l'enfermer tantôt dans des*

(1) Ancillon: *De la Science gouvernementale.*

digues, tantôt de lui creuser un lit plus profond et en faire découler les eaux trop abondantes.

Autant il est du devoir du gouvernement de verser à pleines mains, l'instruction élémentaire sur les masses, autant la prudence lui conseille de rendre difficile l'accès à l'enseignement supérieur, afin de ne pas créer une superfétation dangereuse de capacités, dont il ne pourrait pas assurer convenablement l'avenir.

Le rare bonheur de quelques hommes d'État modernes, plus particulièrement favorisés par les circonstances pour déployer et faire valoir leurs talens, et qui, sortis des rangs modestes de la société, sont arrivés à occuper avec éclat les premières dignités du Royaume, a allumé toutes les imaginations et engendré une foule d'ambitions téméraires.

Les pères de famille envisageant alors l'étude du droit comme moyen infaillible d'atteindre aux honneurs et à la richesse, commencèrent à s'imposer, au détriment de leurs autres enfans, une longue série de privations et de sacrifices pour faire du fils aîné un homme de loi. Dans leur fausse conviction, ils comptèrent, par-là, non seulement d'assurer son sort, mais de donner aussi en lui un protecteur naturel à ses frères.

Enfin, après trois années d'études qui ont paru autant de siècles pour toute la famille, voilà le jeune homme licencié en droit. Avec la confiance naturelle à son âge, il va se lancer dans la vie réelle, croyant n'avoir que l'embarras du choix des emplois qui l'attendent et lui ouvrent les bras; déjà il se croit près d'atteindre au port tant désiré. Hélas ! quelle déception ! Dès les premiers pas il trouve la route hérissée d'obstacles; à chaque porte où il frappe de nombreux postulans arrivés avant lui l'accueillent avec un sourire amer ; toutes les places sont prises, toutes les carrières sont obstruées. Un faux amour-propre ne lui permet plus de retourner à la charrue ou à l'atelier de son père, où il trouverait au moins une existence assurée et paisible.

Maudissant alors son sort, accusant ses parens d'imprévoyance et le gouvernement d'injustice, le désespoir et la colère dans l'âme, il tourne son intelligence contre cette même société à laquelle il eût été si heureux de la consacrer; l'État compte en lui un adversaire de plus, et un adversaire d'autant plus dangereux que l'éducation a aiguisé ses armes. C'est l'histoire de tant d'hommes de talent abandonnés au début de leur carrière.

Loin de nous la pensée de prétendre que le gouvernement doive accueillir toutes les ambitions, et fournir des places à tous les candidats qui se présentent; le nombre des fonctionnaires dépasserait bientôt celui des administrés, s'il fallait satisfaire à la multitude croissante des aspirans. Nous demandons encore moins que l'admission à l'enseignement supérieur devienne le privilége réservé aux classes aisées.

Toutefois, nous ne pouvons nous empêcher de reconnaître que le gouvernement encourt une grave responsabilité, si par des encouragemens directs ou indirects, il contribue à faire naître dans le cœur de la jeunesse studieuse des espérances que, plus tard, il n'est pas toujours à même de réaliser.

Transportons-nous un instant au jour solennel qui vient clore si dignement les travaux de l'année scolaire. Voyez cette jeunesse rayonnante de bonheur et le front ceint de couronnes, accueillant avec une douce émotion chaque parole de la bouche du Grand-Maître, qui l'exhorte à persévérer dans ses louables efforts pour mériter les récompenses et les distinctions que la patrie a placées au bout de l'arène scientifique. Voyez-la ensuite admise à la table du Roi et des ministres; ici les princes qui se rappellent avec une noble satisfaction d'avoir jadis partagé ses travaux et ses succès, la caressent et la fêtent ; là, les plus hauts fonctionnaires de l'État lui prodiguent les félicitations et les éloges. S'imaginant alors que tout cela n'est que l'avant-goût de la fortune qui l'attend et pleine de confiance dans l'avenir qui lui sourit, elle croit n'avoir qu'à continuer comme elle a commencé, pour parvenir à l'accomplissement entier de ses vœux.

Un triste exemple nous a appris encore tout récemment comment se terminent souvent ces beaux rêves. Un individu doué de beaucoup de talent et qui avait remporté les premiers prix au collége, était traîné en cour d'assises. Pour sa défense, il raconta tous les efforts inutiles qu'il avait tentés pour se créer une position : échouant partout, il ne trouva pour vivre d'autres ressources que le crime. Quelques mois auparavant, un autre homme de lettres avait été condamné, pour avoir soustrait de vieux livres à l'étalage d'un bouquiniste ; la faim qui le dévorait, l'avait poussé au vol.

Les faits de ce genre sont heureusement fort rares, il est vrai; mais qui peut répondre qu'ils ne deviennent plus fréquens, si le nombre des capacités continue d'augmenter en raison inverse des moyens de les employer convenablement. Laissons parler les chiffres.

D'après les tableaux officiels de l'administration de la justice en France de l'année 1843,

La cour de Cassation avait été appelée à prononcer sur :

643 pourvois en matière civile . .	}	1,924 affaires.
1,281 pourvois en matière criminelle.	}	

Les vingt-sept cours royales avaient expédié :

10,620 affaires civiles	} 16,014	»
5,394 affaires du grand criminel. . .	}	
Les trois cent soixante-un tribunaux civils avaient été saisis de 88,045 affaires ordinaires, ci.	88,045	»
Total	105,983	affaires.

Le barreau comptait :

Avocats inscrits	6,051 }	8,290
Avocats stagiaires.	2,239 }	

Ce qui établit entre le nombre des avocats et celui des affaires le rapport de 1 à 13.

En évaluant les honoraires de l'avocat pour chaque cause à trente francs, terme moyen, nous obtenons une somme de 390 francs pour chacun d'eux. Admettons que par le produit des consultations, cette somme puisse être doublée et même triplée, il en résulte toujours, en supposant une répartition égale des causes, que les émolumens ordinaires d'un avocat ne dépassent guère 1,000 à 1,200 fr. par an.

Et chose étonnante, pour Paris, centre des affaires, l'évaluation que nous venons de faire, se trouve encore réduite à des proportions plus minimes :

Durant l'année 1843 il a été plaidé à la Cour royale de Paris,

Affaires civiles	1,983
Affaires du grand criminel	557
Au tribunal de première instance.	10,504
Au tribunal de police correctionnelle	2,185
	15,229

Ces quinze mille deux cent vingt-neuf affaires ont été réparties sur 1760 avocats, dont 910 inscrits au tableau et 850 stagiaires, ce qui représente un avocat pour neuf causes, y compris celles de police correctionnelle.

Ces chiffres n'ont pas besoin de commentaires.

Passons à la carrière des emplois publics.

La loi du 22 ventôse an XII et celle du 13 mars 1804, désignent les fonctions pour lesquelles l'étude du droit est obligatoire en France ; ce sont celles

De juge,

De substitut,

D'avocat,

D'avoué,

De professeur à l'École de droit.

D'après ces dispositions, voici le nombre des emplois judiciaires pour lesquels le diplôme de droit est exigé aujourd'hui :

Cour de cassation............	56	
Cours royales	933	
Tribunaux de première instance..	2496	
Ecoles de droit	103	3,588

Les ordonnances royales du 18 septembre, 20 et 27 décembre 1844, qui ont réorganisé le personnel de l'administra-

A reporter......	3,588

Report.		3,588

tion centrale, admettent un certain nombre d'attachés et de surnuméraires, savoir :

Au département de l'intérieur, trente attachés, pourvus du grade de licencié en droit.	30	
Au département de la justice et des cultes, douze attachés qui doivent être docteurs en droit.	12	
Au département des affaires étrangères. Les surnuméraires de ce département sont tenus, comme les attachés, de produire le diplome de licencié en droit. Leur nombre, qui reste subordonné aux besoins du service, s'élève aujourd'hui à quinze ; en le portant au double, on peut en estimer le maximum éventuel à.	30	72

En conséquence de l'art. 4 du projet de loi relatif à l'organisation du conseil d'état, et voté par la chambre des députés dans la séance du 1er mars de cette année, le service ordinaire du conseil d'état se composera :

De trente conseillers.	30	
De trente maîtres des requêtes.	30	
De quarante-huit auditeurs	48	108
A reporter.		3,768

Report. 3,768

Qui, d'après l'article 8 du même projet de loi, doivent être docteurs en droit.

Enfin, pour compléter ce tableau, on peut y ajouter les emplois diplomatiques et consulaires pour lesquels l'étude du droit est désormais indispensable.

Le corps diplomatique français se compose comme suit :

Ambassadeurs.	10	
Ministres plénipotentiaires.	21	
Chargés d'affaires.	2	
Secrétaires d'ambassade et de légation. .	33	
Attachés aux ambassades.	15	81

Le corps consulaire compte :

Consuls généraux.	24	
Consuls de 1re et de 2e classe.	86	
Elèves-consuls.	15	125

Total des emplois publics réservés aux licenciés en droit. 3,974

Recherchons maintenant le rapport qu'il y a entre ce chiffre et le nombre des élèves des facultés légales.

Suivant le tableau des inscriptions prises au

mois de novembre 1844, les neuf Ecoles de Droit établies en France réunissaient 4,486 étudians, dont 2,956 appartenant à l'Ecole de droit de Paris.

Terme moyen, onze à douze cents jeunes gens obtiennent tous les ans, le diplôme de licencié en droit, ce qui équivaut au tiers environ de la totalité des emplois publics. Or, d'après les lois de la mortalité ordinaire, il y a, par an, un décès sur 32 individus, donc *une seule vacance* que l'on peut admettre à la fin de chaque année, sur *trente-deux places*, c'est-à-dire que dans les conditions actuelles, les onze ou douze cents licenciés en droit ne peuvent compter que sur *cent vingt-cinq places vacantes* : ce n'est qu'une place environ pour dix candidats!

Et en supposant même que la moitié des jeunes gens qui sortent des Ecoles de Droit entrent au barreau, déjà assez encombré de stagiaires, il n'en est pas moins vrai que le nombre des aspirans aux emplois publics dépasse aujourd'hui dans une proportion quintuple les besoins de l'État.

Malgré le développement que les études juridiques ont pris en Autriche et en Prusse, où le diplôme de licencié en droit est exigé pour toutes les fonctions de l'administration supérieure, on est bien loin d'y rencontrer la même surabondance de jeunes gens, ayant fait leur droit, qu'en France.

Les six universités de la Prusse (1), ne comptaient ensemble pendant le semestre d'hiver de 1845 que 4,293 étudians, dont 1,335 en droit, savoir :

	Nombre total des étudians.	Etudians en droit.
Berlin.	1,548	513
Breslau.. . . .	757	363
Halle..	721	102
Bonn..	689	233
Kœnigsberg. .	353	87
Greifswald.. .	225	37
	4,293	1,335

Dans ce nombre il y a encore le quart d'é-

(1) La septième université de Prusse, celle de Munster, n'a pas de faculté de droit.

trangers ; donc sur une population de 14,928,501 ames, la Prusse ne compte que mille à onze cents étudians en droit, tandis que sur une population de 34,230,178 ames la France en a 4,486; ce qui donne pour le premier pays un étudiant en droit sur 13,571 habitans, et pour l'autre un étudiant sur 7,630 habitans; la différence est un peu moins du double.

Cette disproportion se manifeste encore plus sensiblement, dans le rapport des emplois vacans au nombre des candidats. Pour 100 places vacantes, auxquelles ne peuvent concourir que les licenciés en droit, il n'y a en Prusse que 185 aspirans; en France au contraire pour 100 places, on ne compte pas moins de 900 candidats.

Pendant 1843, les universités dans les provinces allemandes et italiennes de l'empire d'Autriche (1) ont été fréquentées par 4,164 étudians en droit, savoir :

(1) Nous ne comprenons pas dans cette évaluation l'u

Vienne..	1,069
Prague..	665
Gratz.	275
Lemberg.	386
Olmutz.	139
Innsbruck.	215
Pavie.	611
Padoue.	759
Académie de Marie-Thérèse à Vienne.	45
	4,164

Un fait qui mérite d'être remarqué, c'est qu'en Allemagne l'université de Vienne est presque la seule dont le nombre des étudians aille en augmentant. En 1839, elle n'en comptait que 2620, dont 232 en théologie; 685 en droit; 1126 en médecine, et 577 en philosophie. En 1844, elle avait déjà atteint le chiffre de 5258, dont 2823 étudians en philosophie; 1156 en droit; 1051 en médecine, et 228 en théologie.

La population des provinces allemandes et

niversité de Pesth, parce que sous le rapport de l'administration en général, la Hongrie n'a rien de commun avec les autres provinces autrichiennes. En 1841, l'université de Pesth comptait 146 élèves en droit.

italiennes de l'Autriche étant de 21,571,594 ames (1), et le nombre des jeunes gens qui fréquentent les cours de droit de 4164, la proportion est donc d'un élève en droit sur 5180 habitans.

Au premier coup d'œil, on serait tenté de croire que le gouvernement autrichien est plus embarrassé encore que le gouvernement français, pour caser convenablement la jeunesse sortant des Ecoles de Droit, puisqu'en France, il n'y a qu'un étudiant sur 7630 habitans, différence en moins d'un tiers environ. Mais il faut savoir qu'en Autriche, il existe une ligne de démarcation sévère entre les fonctionnaires-rédacteurs (Concepts-Beamte) et les simples employés de bureau (Cancellisten). Le diplôme de licencié en droit est le premier titre pour concourir aux fonctions de rédacteur, quelle que soit la branche administrative ou le

(1) La population générale de l'empire autrichien s'élève à 36,950,311 ames, dont 21,571,594 qui appartiennent aux provinces allemandes et italiennes, et 15,378,807 au royaume de Hongrie.

degré d'hiérarchie. Dans cette catégorie d'emplois, les vacances sont comparativement bien plus nombreuses qu'en France; il y en a 650 par an, sur 1000 licenciés en droit; restent 350 jeunes gens obligés de se placer, soit au barreau (1), soit dans les justices patrimoniales (2).

Selon des calculs établis tout récemment par M. Springer, écrivain très avantageusement connu et professeur de statistique à l'université de Vienne, pour 117 emplois publics devenus vacans en Autriche dans le cours d'une année, il y a, en général, 200 candidats pourvus du diplôme en droit; c'est deux cinquièmes au-delà des besoins de l'administration. Bien que sous ce point de vue, la Prusse et la

(1) L'exercice de la profession d'avocat n'est pas libre en Autriche. Le nombre des avocats est limité aux besoins de chaque arrondissement judiciaire. C'est la cour suprême de justice qui nomme les titulaires, au fur et à mesure que des vacances se présentent.

(2) L'Autriche compte encore 3824 tribunaux patrimoniaux, mais dont les juges sont tenus de subir les mêmes examens que les magistrats publics.

France se trouvent dans une position plus défavorable encore, le professeur Springer vient de publier dans la Gazette de Vienne un travail très remarquable, pour démontrer combien il est urgent de restreindre le nombre des élèves aux universités autrichiennes, et de le maintenir dans une proportion correspondante au nombre de places dont peut disposer le gouvernement, afin de garantir un avenir certain à ceux des jeunes gens qui auront suivi avec zèle, et terminé avec honneur leurs études universitaires.

Au surplus, le besoin de diminuer l'affluence trop considérable aux cours de l'enseignement supérieur, se fait partout sentir en Allemagne, où depuis quinze ans on remarque déjà effectivement un décroissement très notable dans la population des universités. Qu'on en juge par le tableau comparatif suivant :

Universités.	Année 1830.	1835.	1845.	
Berlin.	2,000	1,800	1,548	étudians.
Munich.	2,000	1,400	1,360	»
Leipzig.	1,200	1,101	880	»
Tubingen.	1,200	800	852	»
Heidelberg.	923	510	774	»
Breslau.	1,100	811	757	»
Halle.	1,161	663	721	»
Bonn.	904	751	689	»
Gœttingue.	2,264	881	637	»
Wurzbourg.	599	433	477	»
Freibourg.	610	446	248	»
Jéna.	454	436	411	»
etc., etc.				
	14,415	10,032	9,354	étudians.

Ainsi, dans l'espace de quinze ans les douze principales universités d'Allemagne ont vu diminuer d'environ un tiers le nombre de leurs étudians.

En France, la fièvre d'ambition qui dans les premières années du Gouvernement de juillet arrachait à la condition de leurs parens tant de jeunes gens qui venaient se presser aux abords de la carrière du droit, paraît s'être un peu calmée. Depuis dix ans l'affluence aux cours de cette Faculté a beaucoup diminué. Il y avait

en	1823	4,467 élèves.
»	1834	4,897 »
»	1835	5,137 »
»	1837	4,714 »
»	1844	4,486 »

Comparativement à l'année 1835, il y a en 1844 une différence en moins, de près de sept cents élèves en droit.

Il faut en conclure, que les pères de famille commencent à comprendre les dangers auxquels ils livrent le sort de leurs fils, en épuisant pour leur éducation ce qu'ils ont d'épargnes et de ressources, sans songer aux moyens de les faire subsister à la sortie de l'école et jusqu'à ce que les jeunes gens aient trouvé au barreau, ou dans les emplois publics, une position assurée. Le moment est donc favorable pour le Gouvernement, s'il veut arrêter, de son côté, le flot où tant d'espérances se sont déjà englouties. L'exubérance des capacités disponibles déborde aujourd'hui toutes les carrières, *et fait de chaque génération nouvelle une classe nécessairement turbulente par impatience, ou impossibilité d'attendre que les emplois publics ou les professions libérales, de toutes parts obstrués, se désencombrent enfin* (1).

Pour combattre d'une manière aussi efficace que légale la manie des places, dont notre époque est travaillée, il ne reste au Gouvernement d'autre moyen que de parsémer le chemin de l'enseignement supérieur de tant d'épines qu'il faille toute la persévérance et tout le courage d'une vocation décidée pour en embrasser l'une ou l'autre branche (2). La mythologie grecque, langage symbolique de la sagesse pratique du peuple le plus civilisé de l'antiquité,

(1) Emile de Girardin : *De l'instruction publique* p. 128.

(2) On pourrait commencer par exiger le diplôme de bachelier ès-sciences, pour être admis à la faculté légale, et le diplôme de docteur en droit pour entrer au barreau,

avait placé le temple des muses sur la cime escarpée de l'Hélicon pour faire comprendre que le sanctuaire de la science ne devait être ouvert qu'à ceux, qui par une série d'épreuves et de travaux pénibles, s'étaient montrés dignes d'y pénétrer.

§ 60.

L'ENSEIGNEMENT SUPÉRIEUR DOIT ÊTRE GRATUIT COMME L'INSTRUCTION PRIMAIRE.

Lorsque dans l'intérêt particulier des familles et pour la sûreté et la prospérité de l'État, nous pressons le gouvernement d'aviser aux moyens d'éclaircir les rangs trop serrés de la jeunesse qui fréquente les écoles de droit, nous n'avons nullement l'intention de porter atteinte ni à la liberté d'enseignement, ni à l'égalité d'admission aux fonctions publiques, car ces deux principes inscrits en tête de la Charte de 1830, forment avec la liberté de la presse, le palladium de toutes les libertés civiles de la monarchie de Juillet.

A nos yeux, l'éducation n'est pas seulement un grand et salutaire bienfait que l'État dispense aux citoyens, mais c'est encore un noble et sublime devoir qu'il remplit envers la société, dont il s'est engagé à favoriser et avancer le perfectionnement intellectuel et moral. Nous en déduisons, comme corollaire, que l'instruction publique, en général, et plus spécialement celle qui conduit aux emplois publics, doit être gratuitement donnée, d'autant plus que cette libéralité du gouvernement trouvera une douce et large récompense dans les services que des fonctionnaires capables et des citoyens instruits seront à même de rendre à la patrie.

Cette maxime a depuis longtemps reçu la sanction la plus complète en Autriche, dont le système d'instruction publique se recommande sous plus d'un rapport à l'attention des hommes d'État. Et tandis qu'en France, faute de pouvoir concilier les exigences si opposées des partis politiques, la question de la liberté d'enseignement continue de rester à l'état de problème, on sera bien étonné d'apprendre que le gouvernement autrichien l'a introduite chez lui depuis un demi-siècle, et qu'il la pratique dans un sens beaucoup plus étendu que ne le propose la commission de la chambre des députés, par l'organe de son honorable rapporteur, M. Thiers.

En Autriche, l'enseignement public a quatre degrés : *L'institution primaire* (1), *classique* (2), *philosophique* (3) et *universitaire* (4). Avant d'arriver à l'université, il est indispensable d'avoir parcouru avec succès les trois premiers degrés de l'enseignement qui, depuis les classes élémentaires jusques et y compris l'enseignement universitaire, est absolument

(1) Dans les villes, les écoles primaires sont divisées en quatre classes qu'il faut avoir fréquentées, avant d'être admis à l'enseignement classique.

(2) C'est au fond la même que celle des colléges en France.

(3) Elle embrasse les matières prescrites en France, pour le baccalauréat ès-sciences.

(4) Elle comprend les trois facultés de théologie, de jurisprudence et de médecine.

gratuit pour les élèves dépourvus de fortune. Les jeunes gens appartenant à des familles riches ou aisées paient une rétribution annuelle de douze florins (30 fr.), pour l'instruction classique; de dix-huit florins pour les études philosophiques, et de vingt-quatre florins pour les cours des facultés de droit et de médecine. Dans le royaume Lombardo-Vénitien, les classes riches même en sont exemptes. Mais cette rétribution qui est la seule imposée à l'enseignement, loin d'être perçue au profit du gouvernement ou de l'Université, comme un impôt sur l'instruction, n'est qu'une subvention en faveur d'étudians pauvres, qui se distinguent le plus par leur zèle et leurs progrès.

Cette subvention, connue sous le nom de *stipendium*, varie de 200 à 1000 francs, suivant le degré d'enseignement pour lequel elle est accordée. C'est ainsi que le gouvernement fournit au jeune homme doué de talent, mais peu favorisé de la fortune, non seulement l'enseignement gratuit; mais il contribue encore à lui procurer les moyens d'existence, pendant la durée de ses études. En un mot autant le gouvernement autrichien, par des examens nombreux et sévères, cherche à éloigner des études supérieures la médiocrité, pour ne pas nourrir des plantes parasites, autant il aide et soutient le vrai talent, qui travaille à se frayer le chemin à une position honorable. C'est dans ce but qu'il force le riche, pour prix de l'éducation qu'il reçoit de l'Etat, d'offrir une main amie et secourable au pauvre.

Du reste, tout père de famille est libre d'envoyer ses enfans aux écoles publiques ou de les élever chez lui comme il l'entend. Seulement, dans le cas où il les destine au service de l'État, ou à une des professions libérales soumises à la surveillance du gouvernement, telle que la profession d'avocat ou de médecin, il est tenu de leur faire subir régulièrement les examens sémestriels dans un établissement public, afin que d'un côté l'État puisse constater la régularité des études domestiques, et que de l'autre côté le père puisse vérifier et suivre pas à pas les progrès de son fils. Les certificats de capacité obtenus de cette manière ont, sous tous les rapports, la même force et donnent droit aux mêmes avantages, que ceux délivrés aux élèves qui ont fréquenté les écoles de l'État.

Toutefois, pour être admis aux examens de l'enseignement public et jouir des priviléges qui y sont attachés, les jeunes gens, recevant l'éducation privée, doivent, au préalable, prouver qu'ils se trouvent sous la direction d'un précepteur dûment autorisé. Celui-ci n'est le plus souvent lui-même qn'un étudiant appartenant à une école supérieure, et qui, par son application et à la suite d'un examen spécial, a obtenu le brevet d'*instituteur privé*. C'est encore là un autre avantage accordé aux étudians sans fortune ; en utilisant leur talent et leurs connaissances, ils peuvent suppléer à leurs moyens d'existence, lorsque les *stipendia*, nécessairement limités, que le gouvernement accorde, ne sauraient y suffire.

L'obligation de mettre l'élève sous la direction d'un instituteur breveté, pendant l'éducation domestique, ne s'étend pas à l'enseignement juridique. En se présentant aux examens de la faculté, le candidat, qui a reçu une instruction privée, n'a besoin que de produire un certificat d'un avocat ou docteur en droit, attestant qu'il a été dirigé par leurs conseils (1). Cette mesure est dictée dans l'intérêt même des jeunes gens, afin que s'ils ne peuvent profiter des leçons des professeurs nommés par l'État, ils ne soient pas pour cela abandonnés à eux-mêmes et sans guide dans leurs études.

Par suite d'une controverse animée qui se reproduit tous les jours et sous toutes les formes,

(1) Nous avons déjà fait remarquer qu'en Autriche les avocats étant nommés par le Gouvernement, sont déclarés par la loi même fonctionnaires publics; ils offrent donc les garanties nécessaires contre toute complaisance abusive.

la question de la liberté de l'enseignement se présente aujourd'hui avec des caractères si compliqués, que les partis n'osent presque plus l'aborder, crainte qu'elle ne soit résolue en faveur d'un parti adverse. C'est ce qui n'avait pas échappé à la perspicacité de M. Villemain. Lors de la formation du cabinet du 29 octobre, où il était entré comme ministre de l'instruction publique, le noble pair se trouvant dans un salon où se réunissaient, comme sur un terrain neutre, les hommes politiques de toutes les nuances, un membre de l'opposition profita de la circonstance pour presser le Ministre d'accorder enfin cette liberté de l'enseignement depuis si long-temps promise. « Le gouvernement, répondit M. Villemain, est tout disposé à l'accorder, pourvu que la chambre veuille sincèrement l'accepter. »

Dans cet état de choses, il y aurait peut-être de l'habileté, sinon de la prudence, à transporter la question sur un nouveau terrain où l'Église et l'Université ne se rencontrant plus face à face, le gouvernement pourrait en partie réaliser ses projets, sans s'attirer le reproche de partialité en faveur de l'une ou de l'autre. Il commencerait par appliquer le principe de la liberté de l'enseignement aux écoles de droit, en suivant l'exemple de l'Autriche et en apportant à son système les modifications que commanderait la différence entre les formes gouvernementales et administratives des deux pays; en attendant que le temps apaise les esprits, et les ramène peu à peu au calme et à la réflexion nécessaires pour résoudre ce grand problème social, dans l'intérêt de la civilisation et du bonheur national; autrement, on ne ferait qu'abolir un monopole pour lui en substituer un autre.

L'expérience acquise par le gouvernement au haut de l'échelle de l'enseignement public, l'éclairerait dans ses efforts pour faire descendre successivement la liberté d'enseignement dans les degrés inférieurs. *L'instruction supérieure,* comme l'à dit M. Cousin (1), *est d'un intérêt plus puissant que celle du peuple, puisque c'est elle qui, en développant les talens capables de remplir toutes les grandes fonctions de l'État, fait marcher le gouvernement et la société.*

Cette réforme serait en même temps un acheminement vers un système d'éducation publique, plus équitable envers les classes moins aisées, dont les enfans sont aujourd'hui exclus, *de fait*, de l'instruction supérieure. On ne peut se défendre d'une certaine surprise, en voyant que dans un pays éminemment démocratique comme la France, les hautes études ne sont presque accessibles qu'à l'aristocratie d'argent; car, elles absorbent un capital auquel le plus grand nombre des familles ne peut atteindre. Il s'en faut que nous voulions porter le fils de l'artisan à mépriser l'état modeste, mais utile et repectable de son père, pour le

(1) Voyez la citation mise en tête de l'Introduction de cet ouvrage.

pousser à s'élever au-dessus de sa condition ; mais nous croyons qu'il est injuste de prononcer, pour ainsi dire, l'exclusion du haut enseignement contre celui à qui la fortune, si capricieuse dans le partage de ses dons, a refusé les moyens de payer l'impôt dont la carrière scientifique demeure grevée.

L'ardeur avec laquelle M. le comte de Salvandy a combattu dans la séance du 21 juillet de l'année dernière, l'espèce de capitation qui pesait sur les élèves de l'instruction secondaire et l'empressement avec lequel la chambre s'est associée à la noble pensée d'abolir la rétribution universitaire, à dater du 1er janvier 1845, nous donnent l'espoir que notre voix, quelque faible qu'elle soit, trouvera accès auprès de M. le ministre de l'instruction publique dont les sentimens généreux sont si généralement connus, et auprès des chambres, dont la libéralité éclairée comprend que l'impôt universitaire est un anachronisme choquant, chez une nation qui marche à la tête de la civilisation moderne·

D'ailleurs, Louis-Philippe, en faisant successivement asseoir tous ses fils sur les bancs de l'école publique, a rendu non seulement un hommage éclatant à la science, mais encore aux principes de liberté et d'égalité civiles, dont le triomphe inaugura son règne. C'est un heureux présage que la dynastie de Juillet, après avoir doté le pays de tant d'institutions utiles, qui répandent partout la prospérité et consolident la grandeur nationale, affranchira aussi la France de tout impôt qui pèse sur l'intelligence, à laquelle le peuple français doit ses plus belles et ses plus durables conquêtes

FIN.

www.ingramcontent.com/pod-product-compliance
Ingram Content Group UK Ltd.
Pitfield, Milton Keynes, MK11 3LW, UK
UKHW021924230726
13925UKWH00007B/484

9 782019 241421